大川隆法
Ryuho Okawa

地獄の条件

松本清張

霊界の深層海流

本霊言は、2012年1月31日（写真上・下）、幸福の科学総合本部にて、
質問者との対話形式で公開収録された。

まえがき

ああ！　哀《かな》しきかな松本清張。トリックに満ちたサスペンス小説を書き続けた結末《けつまつ》として、「霊界の深層海流」に身を委《ゆだ》ねていたとは。

社会悪を追及していたはずの作家が、社会悪の濁流《だくりゅう》としての、悪しきジャーナリズムの源流となっていたとは。

名声も地位も富もほしいままにした著名作家が、いまだに被害意識と劣等感、復《ふく》讐心《しゅうしん》で一杯だったとは。本書は文学と宗教の価値判断の差を決定的にする一冊となるかもしれない。生前の三島由紀夫の「清張に文学なんてあったっけ。」という言葉を別にするなら。

いみじくも、『週刊文春』に連載していた『神々の乱心』が生前の絶筆《ぜっぴつ》となったが、この不敬《ふけい》な題名自体が、自らの死後を予知していたかのようだ。

二〇一二年　七月三十一日

幸福《こうふく》の科学《かがく》グループ創始者兼総裁《そうししゃけんそうさい》　大川隆法《おおかわりゅうほう》

地獄の条件——松本清張・霊界の深層海流　目次

地獄《じごく》の条件――松本清張《まつもとせいちょう》・霊界《れいかい》の深層海流

二〇一二年一月三十一日　松本清張の霊示
東京都・幸福の科学総合本部にて

「霊言現象《れいげんげんしょう》」とは、あの世の霊存在の言葉を語り下ろす現象のことをいう。これは高度な悟《さと》りを開いた者に特有のものであり、「霊媒現象《れいばいげんしょう》」（トランス状態になって意識を失い、霊が一方的にしゃべる現象）とは異なる。

なお、「霊言」は、あくまでも霊人の意見であり、幸福の科学グループとしての見解と矛盾《むじゅん》する内容を含《ふく》む場合がある点、付記しておきたい。

地《じ》獄《ごく》の条件――松《まつ》本《もと》清《せい》張《ちょう》・霊《れい》界《かい》の深層海流

二〇一二年一月三十一日　松本清張の霊示
東京都・幸福の科学総合本部にて

松本清張《まつもとせいちょう》（一九〇九～一九九二）

日本の小説家、ノンフィクション作家。福岡県企救郡板櫃村《ふくおかけんきくぐんいたびつむら》（現・北九州市小倉《こくら》北区）生まれ。尋常《じんじょう》高等小学校卒業後、印刷所等を経て朝日新聞社に入社する。処女作『西郷札《さいごうさつ》』が直木賞《なおきしょう》候補となり、『或《あ》る「小倉日記」伝』で芥川賞《あくたがわしょう》を受賞した。その後、朝日新聞を退社し、社会派推理小説の分野で流行作家となる。代表作に『点と線』『ゼロの焦点《しょうてん》』『砂の器《うつわ》』等がある。また、『日本の黒い霧《きり》』等のノンフィクションで社会の腐敗《ふはい》などを鋭《するど》く追及《ついきゅう》した。

司会　武田亮《たけだりょう》（幸福の科学 副理事長 兼 宗務本部長）

質問者　村上俊樹《むらかみとしき》（「ザ・リバティ」編集部 部長）

渡邊伸幸《わたなべのぶゆき》（幸福の科学 広報局局長補佐）

金澤由美子《かなざわゆみこ》（幸福の科学 指導研修局長）

矢内筆勝《やないひっしょう》（幸福実現党 出版局長）

［質問順。役職は収録時点のもの］

1　松本清張を招霊《しょうれい》し、「地獄《じごく》の条件」を探究する

戦後の文壇《ぶんだん》を代表する作家の一人、松本清張

大川隆法　今日の霊言《れいげん》収録においては、やや変わった題を付けてみました。「地獄《じごく》の条件――松本清張・霊界の深層海流――」という、気取った題にしてみたのです。

先般《せんぱん》（二〇一二年一月二十四日）、司馬遼太郎《しばりょうたろう》という大作家の霊言を録《と》ったのですが（『司馬遼太郎なら、この国の未来をどう見るか』〔幸福の科学出版刊〕として刊行）、ほぼ予想どおりの発言内容ではありました。

今日の対象である松本清張も、戦後の文壇《ぶんだん》を代表する作家の一人ではあったと思います。彼の小説は、やや古くなったので、今では、読む人は少し減っていると思いますが、長年、ベストセラーを出し続けた人です。

現在でも、テレビのドラマで、ときどき、松本清張原作の作品を放映することがあ

ります し、「松本清張の小説をテレビドラマにした場合には、まず失敗がない」と言われています。また、彼の小説は、かなりの数が映画化されています。その意味で、作家としての力量は、そうとうあったのではないかと感じています。

国民の大多数は、彼について、「成功した立派な人物」というイメージを持っているのではないでしょうか。私も、そのように思っていた一人です。

彼は芥川賞《あくたがわしょう》を取りましたし、最初に書いた作品で直木賞《なおきしょう》候補にもなっていて、純文学系とエンターテインメント系の両方とも書けるタイプの作家です。

『点と線』など推理小説系統の作品が有名ではあるのですが、推理小説以外に、「歴史もの」も得意で、「古代史もの」を書いていましたし、現代社会についても鋭《するど》く切り込《こ》んで、社会派作家としての面も持っていました。

そうとう幅広《はばひろ》い分野で小説を書いており、かなりの個人的努力をなされた人ではないかと思います。

彼は北九州の出身かと思いますが、そうとう苦労をなされたようです。

高等小学校卒業後、十五歳《さい》で働きに出て、川北《かわきた》電気でしたか、小さな電機会社に勤めましたが、やがて、そこは倒産《とうさん》してしまいます。

そのあと、幾《いく》つかの印刷所に版下《はんした》の画工《がこう》として勤めましたが、やがて朝日新聞の専属の画工となり、嘱託《しょくたく》を経て、三十四歳ぐらいのときに朝日新聞の正社員に採用されています。

彼の学歴からすると、なかなか正社員にはなれないのですが、「ある程度、年齢《ねんれい》が高いので、若い人と同じには扱《あつか》えない」ということで、正社員になれたのでしょう。ただ、彼は、そうとう屈折《くっせつ》した思いを持っていただろうと考えられます。

彼は、その間《かん》、版下の画工をしながら、いろいろと独学で勉強していたのだろうと思いますし、朝日新聞のエリート記者たちが、いろいろと文章を書いたりすることに対しても、そうとう複雑な思いを抱《いだ》いていたのではないでしょうか。彼は勉強をずいぶんした人だと思います。

「清張文学」は、ある意味で人間学の宝庫

大川隆法　彼は、「社会派作家」と言われるだけあって、社会の裏側を見る視点からは、

ある意味で、ジャーナリスト的な面を感じます。彼には、事件記者的な目を持ちながら、日本の暗部のようなところに焦点《しょうてん》を当てて、それをえぐり出したり、殺人事件という古典的なテーマの下《もと》で、「なぜ犯罪が起きたのか」ということを追い求めたりするところがありました。

したがって、「清張文学」は、ある意味で人間学の宝庫であると思います。

彼は、正規の学問を学んではいませんが、独学でかなり勉強した人であり、今、「清張文庫」等に収納され、公開されている、彼が寄贈《きぞう》した蔵書等は二万点ぐらいだとの話もあります。

学者でも、一万冊も本を持っていたら、けっこう立派であり、なかなか持てないものなので、彼は、そうとう勉強したのだと思います。しかも、「蔵書のほとんどを実際に読んだ」と聞いているので、かなりの部分まで独学で勉強を進めた人だと思うのです。

この人の経歴や蔵書の冊数を聞くと、彼からは偉人《いじん》のようなにおいも漂《ただよ》ってきます。

渡部昇一《わたなべしょういち》さんは、松本清張を、「創造性の高い人」の一人として挙げておられたと思います。確かに、彼の創作力、すなわち、事実を調べていって書く際の手法や、推理小説等で話を組み立てていくときの考え方などには、創造性に富んだところがあると思われます。

以前、自伝を読んでいるときに地獄《じごく》から現れた松本清張の霊《れい》

大川隆法　私は、松本清張の全集を、宇都宮《うつのみや》にある教団施設《しせつ》のほうに送ってあったのですが、数年前、「もう一回、読んでみよう」と思い、それを取り寄せ、自伝などを読み始めたら、清張本人の霊《れい》が出てきました。しかし、あまり感じのよい出方ではなく、一晩《ひとばん》、眠《ねむ》れない状況《じょうきょう》を経験したのです。

私は、そのとき、「なぜ松本清張は地獄《じごく》に堕《お》ちたのか」ということが分かりませんでした。「彼は、立志伝中《りっしでんちゅう》の人物のように見えるし、かなりの努力をなされた人であり、物書きとしては手本となるような人なのに、何がうまくいかなかったのか」と思ったのですが、実は本人自身にも分かっていなかったのです。

彼は、生前、社会的に名声に包まれていました。賞も取り、ベストセラーを幾つも

出し、高額納税者として作家部門のトップを走ったりもしました。その作品は映画にもテレビドラマにもなり、売れっ子でした。この世的に見たら成功者なのです。

その彼が、死後に迷うとしたら、いったい、その理由は何なのでしょうか。作品のテーマとして、殺人事件などを扱ったために、そうなったのでしょうか。あるいは、社会派作家として、社会の暗部をえぐろうとしているうちに、自分もそれと同質になってしまったのでしょうか。

このへんには分からないところがあります。これを探《さぐ》っていくと、もしかしたら、現代のマスコミの問題点までもが出てくる可能性はあると思います。

この人自身は、自分が死んでいることを知っているでしょうし、自分がいるあたりの世界についても、おそらく自覚があるのではないかと私は思うのです。

最近の霊言収録のときに出てくる霊人には、自分が死んでいることさえ分からない人も多いのですが、松本清張の場合、死の自覚は持っていると思われます。しかし、「なぜ地獄にいるのか」ということについては分かっていないでしょう。「あれだけ努力し、成功して、評価されたのに、なぜなんだ」という思いがあり、地獄にいる理由が分からないだろうと思います。

「殺人事件のことを多く書いたからだ」という見方があるかもしれませんが、そういう作家は大勢います。「アガサ・クリスティー」など、全部の推理作家の死後を調べたのか」と言われるかもしれませんが、そこまで調べてはいないのです。

今日は、この「なぜなのか」を上手《じょうず》に追究できればよいと考えています。

要するに、われわれは、宗教者として、「地獄の条件」も一つ探究したいのです。なぜ人は地獄に堕ちるのでしょうか。「完全なる善」も「完全なる悪」もありえないと思うので、人間として生きる以上、両方の面を持っていると思います。

そこで、「何をもって地獄入りになるのだろうか」ということについて、少しでも、具体的な基準というか、何かをえぐり出していけたら、参考になることは多いのではないかと思います。

また、この人は、ある意味での悪人を、そうとう見つめてきた人なので、悪について、ものすごくよく知っているでしょう。気になるのは、そのへんです。

一方、天国に還《かえ》っている司馬遼太郎の「司馬文学」には、どちらかというと、ある意味で非常に光明思想《こうみょうしそう》的な面があったのではないかと思います。彼の作品には戦争も描《えが》かれています。戦争には悪に見える面もありますが、彼の作品には、英雄《えいゆう》とか、国の発展する姿とか、男らしさとか、そういうロマンが書かれたものが多くあります。

両者の違《ちが》いは、こういう作風と関係があるのかもしれません。あるいは、もっと別なところが問題であり、松本清張の複雑な個人的屈折感が原因なのかもしれません。

さらには、もしかしたら、彼の外見《がいけん》も関係があるかもしれません。今日の題に「深層海流」と付けましたが、松本清張は、見た目において、深海魚のアンコウのような雰囲気《ふんいき》のある人です。唇《くちびる》がすごく厚く、目がギョロッとしていて、こういうことを言うと怒《おこ》られるかもしれませんが、「深海から出てきたアンコウ」という感じの人なので、見た目の好感度は、それほどよくはないのです。

その意味でも、何か複雑なものが背景にあったのかもしれないと思います。

松本清張を幸福の科学総合本部に招霊《しょうれい》する

大川隆法　前置きは、そんなところです。

今回は、質問者として、悪について強い人などが来ているとのことなので、「地獄の条件」を探りたいと思います。

松本清張の霊《れい》は数年前に私のところに出てきましたが、その後《ご》、私は彼の状態を調査していません。今でも当時と変わっていないとすれば、「なぜ、あれだけの名声に包まれて亡《な》くなったのに、厳しい世界にいるのか」ということについて、本人にも分からないかもしれないので、このあたりを探り当てられたら結構です。

彼が地獄にいる原因を探究してみたいと思います。

清張ファンには申し訳ありませんが、「怖《こわ》いものは読まないほうがいいよ」ということになるかもしれません。

今日は、私以外に、チャネラー（霊媒《れいばい》）を用意しました。最初は私のほうに霊を入れますが、ある程度のところで、チャネラーのほうに霊を移そうと思っています。

相手は大作家なので、失礼があってはならないと思います。

（質問者たちに）よろしいですか。

（合掌《がっしょう》し、瞑目《めいもく》する）

日本の戦後の文学界で大活躍《だいかつやく》なされたあと、霊界に還っておられます、作家の松本清張さん、どうか、幸福の科学総合本部にお降りください。

松本清張さん、どうか、幸福の科学総合本部にお降りくださって、われわれに、そのお考えをお述べください。文学論なり、人間観なり、霊界観なり、宗教に対する考え方なり、いろいろなことを話してくださって構いません。われわれ、あとから続いていく者たちに対して、そのお考えをお教えくだされば幸いでございます。

松本清張の霊よ、どうか、降りたまいて、その本心をお述べください。

松本清張の霊、流れ入《い》る。

松本清張の霊、流れ入る。

松本清張の霊、流れ入る。

松本清張の霊、流れ入る、流れ入る、流れ入る、流れ入る、流れ入る。

松本清張の霊、流れ入る、流れ入る、流れ入る、流れ入る。

（約五秒間の沈黙《ちんもく》）

2 霊界《れいかい》での日常生活

松本清張は自分の死を自覚している

松本清張　（咳《せき》をする）うん。

武田　こんにちは。

松本清張　ううん？

武田　松本清張先生でいらっしゃいますか。

松本清張　ああ。そうだが。

武田　本日は、幸福の科学総合本部にお越《こ》しくださいまして、まことにありがとうございます。

松本清張　知らんなあ。

武田　本日は、松本先生から、現在のご心境やお考えをお伺《うかが》いし、これからの文学界も含《ふく》め、日本国民にとって参考になるお話を伺えたら、ありがたいと思っております。よろしくお願いします。

松本清張　君に、そういう資格があるんかね。

武田　私は文学者ではないのですが……。

松本清張　そうだろ？

武田　はい。文学者ではございません。ただ、人生学といいますか、「人の心を探究し、人を幸福に導きたい」と思っておりますし、それを仕事としている者でございます。ですから、松本先生から、そういった人間学のようなものもお伺いしたいと思っております。

さっそくですが、松本先生は、ご自身がすでにお亡《な》くなりになっていることは、お分かりになっているのでしょうか。
松本清張　そら、あんた、分かるよ。
武田　そうですか。
松本清張　そらあ、殺人事件ばかり研究した人間が、死んだあとのことが分からんで、どうするんだ。生と死の違《ちが》いぐらいは、そらあ、君、分かるよ。
武田　そうですか。では、今は、どのような日常生活を送っておられるのですか。
松本清張　おまえら、皮肉なやつらだからさあ。「松本清張・霊界《れいかい》の深層海流」って、なかなか小生意気《こなまいき》な題を付けおって。なんだ、これ。ああ？
武田　先生の小説（『深層海流』）の題名から取っているものでもあるかと思うのですが。
松本清張　「霊界の深層海流」って、どういうことだ。説明しろよ。ああ？　定義をしろよ、定義を。ああ？

武田　私もまだ勉強中ではあるのですが、やはり、霊界は広大な世界であると思います。「高さ」もあれば、「深さ」もありますし、「広がり」もあって、人間の心の数だけ、あるいは、その様子だけ、世界がたくさんあるのだと思うのです。

松本清張　うーん。何だか、あんたに説教されたくはないなあ。ああ?

武田　説教をするつもりはないのですが（会場笑）。

松本清張　なぜ、わしが、あんたに説教されなくてはいかんのかな。あんたの著書でも持ってこいよ、何冊か。ああ?

武田　つまり、人間研究のプロである松本先生にお伺いすれば、霊界の深層という深い所まで勉強できるのではないのかと……。

松本清張　わしには、お世辞《せじ》は通じんからな。わしは人間の裏をちゃんと見る人間だから、わしにお世辞やおだては効《き》かんからな。君ねえ、わしを、そんなものが通用するような人間だと思ったら、間違いだよ。

霊界《れいかい》の自分を「チョウチンアンコウ」にたとえた清張

武田　先生は、今、どのような生活を……。

松本清張　「どのような」って、霊界《れいかい》の深層海流にいるんだろう?　あんたがたが、そう言ってくださってるんだからさあ。だから、「霊界の深層海流って何か、言ってくれよ」と言って、訊《き》いてるんじゃないの。調査するのは、こっちの側《がわ》なんだからさあ。勘違《かんちが》いするんじゃねえよ。ああ?

武田　はい。まず、「松本先生が今いらっしゃる世界は、明るい世界なのか、暗い世界なのか」ということについて……。

松本清張　君ら、そんなに単純に考えちゃいけないんだよ。あのね、チョウチンアンコウだって、光ぐらい持ってるんだからさあ。

武田　チョウチンアンコウですか。

松本清張　だから、自分で照らす光ぐらい持ってるんだからさあ、天上界《てんじょうかい》も地獄界《じごくかい》も、そんなもん、区別はないんだよ。

武田　そうしますと、基本的には、ちょっと薄暗《うすぐら》い感じの……。

松本清張　そういう言い方ってね、君ね……。そういう先入観を抱《いだ》かせちゃいけないんだよ。やっぱりね、小説ってのは結論が見えちゃ駄目《だめ》なんだ。

武田　結論が見えてはいけないんですね。

松本清張　ええ。結論はね、「どんでん返しの、どんでん返しの、どんでん返し」まで行かなきゃならない（会場笑）。

武田　なるほど。

松本清張　最初から結論を言うのはバカなんだ。そんなんじゃ、一ページしか読んでくれないじゃないか。

武田　では、先生のお口を通して、現在の様子を、ぜひ描写《びょうしゃ》していただきたいのですが。

松本清張「地獄の底にいるかと思ったら、実は神だった」とか、こういう持っていき方をすると、これはベストセラーになるな。みんなが「悪魔《あくま》だ」と思って、ずっと追及《ついきゅう》したら、「実際には、松本清張は日本の神だった。最高の神だった」と、こういうところに持ってきたら、これは、すごく売れるかもしれない。

君ねえ、やっぱり、そういうプロット（筋）を考えなきゃいけないんだよ。「どのように話を展開させ、読者を騙《だま》しながら、最後に持っていくか」っちゅうことが大事で、読者をあっと驚《おどろ》かせなきゃいけないな。

「最初から結論が見えていて、そのまま最後まで行く」ってのは、こんなの、やる意味がないよ。こんなのは売れない。そんなもん、一円でも一文《いちもん》でも売れないわなあ。一冊も売れない。

君らに足りないのは、そういうところだ。君らはね、早くから結論を言いすぎるんだよ。サッサ、サッサと結論を出すからねえ。だから、本が売れないんだよ。

結論がなかなか分からんようにするんだよ。最後の章まで行《い》っても、結局、何だか分からないようなことでもいいし、「あとがきを読んで初めて分かった」なんちゅうのでもいいかもしれない。そのへんのねえ、物語というか、作品の重層性が必要だね。こんがらがった人間の葛藤《かっとう》、「天国と思えば地獄、地獄と思えば天国」っていう、このへんの難しさを描《えが》かなかったら、宗教だってねえ、やっぱり流行《はや》らないよ。

だから、君らの本はねえ、まだ売り切れてないしさあ、ほかの人が、「映画にしたい」とか、「テレビに出したい」とか言わないのは、面白《おもしろ》みが足りないからなんだよ、面白みが。ああ?

清張の仲間たちは、この世の出版社などで〝指導〟している

武田　幸福の科学について、よくご存じなのですか。

松本清張　わしは何でも知っとるがね。何でも知っとる。出版界については、やっぱり、そりゃあ、よう知ってるさあ。ジャーナリズムだ。

武田　なるほど。では、霊界で先生の本も読まれたりするのですか。

松本清張　先生って誰《だれ》だね。
武田　大川隆法総裁です。
松本清張　ああ。これは先生なのか。
武田　はい。総裁先生です。
松本清張　いちおう先生なのね。いやあ、わしから見りゃあ、こんなの、〝がきんちょ〟みたいなもんだからさあ。そんなもんを、「先生」って言うのか。
武田　松本先生のところに総裁先生の本は届きますか。
松本清張　いや、こういう人がね、だいたい、日本の深層海流をつくってるんだよ。こういうねえ、影《かげ》の権力者みたいなやつが悪の根源でね。これを暴《あば》かなきゃいけねえんだよ。
　これを暴くのが、われら、筆力で、ペンでもって戦う人間の本性《ほんしょう》だな。
武田　そこまでおっしゃるからには、総裁先生の教えについて、読まれたり聞かれたりしたことがあるわけですね。

松本清張　そりゃあ、知ってる。今、出版界やマスコミ界で、知らん人はいないだろうよ。わしらだって、いろいろなところに出没《しゅつぼつ》して、あの世の噂話《うわさばなし》を聞いてるからな。

あの世には、元作家や元ジャーナリストなど、そんなのが、ウジャウジャいるから、たくさん仲間はいるさあ。みんな、いろいろなところに取り憑《つ》いて……、いや、取り憑いてじゃないな、出版社とか、新聞社とか、まあ、週刊誌とか、いろいろなところに、情報探究、探査に入ってだねえ、よく仕事をしとるかどうかを見て、みんな、指導しとるからさあ。

そして、集まって酒を飲みながら、いちおう……。

武田　酒を飲みながら？

松本清張　いやいや、評論をするわけで、「あれは、できがよかったか、悪かったか」とか、「最近のは、どうだ」とか、いろいろ評論はしてるよな。

大川隆法は「閻魔大王《えんまだいおう》の生まれ変わり」？

武田　そちらの世界では、幸福の科学の評判は、どのようなものなんでしょうか。

松本清張　いや、名前は響《ひび》いてるよ。

武田　響いていますか。

松本清張　名前は響いてるけど、「大川隆法っちゅうのは、閻魔大王《えんまだいおう》の生まれ変わりだ」っちゅう説が強いなあ。

武田　閻魔大王ですか。

松本清張　おお。閻魔大王の生まれ変わりで、「閻魔大王っちゅうのは、この世には生まれてこないのが本筋なんだけれども、今回、たまたま許されて、日本を悪の世界に引きずり込《こ》んで沈没《ちんぼつ》させてしまうために、生まれ変わったらしい。日本人を裁くのが目的で生まれ変わったらしい」というような話がある。そういう閻魔大王説が極《きわ》めて強いな。

武田　具体的に、どのあたりが閻魔大王的な活動に見えるというのですか。

松本清張　うーん。そうだなあ、やっぱりねえ、この人の本っちゅうのは、基本的には、あまりにもだねえ、神様だの、仏様だの、天使だの、如来《にょらい》だの、菩薩《ぼさつ》だの、何だか、偉《えら》い人や光り輝《かがや》いている人、善人とかが出てきすぎてさあ、それで、善人の物語、善人の生き方みたいなものばっかりを、なんか唱道《しょうどう》してるらしいじゃないか。

こんなことはねえ、君、作品として、ありえないことなんだよ。そんな人間は、世の中に一人もいやしないんだよ。

ところが、「そういう世界ばかりあるかのように、みんなに見せてる」っちゅうことは、裏には必ずトリックがあるんだよ。このように、「善人ばかりの世界だ」と思わせようとしてる人は、最大の詐欺師《さぎし》であることがほとんどだ。

このベールを何とかして剝《は》がさなきゃいかんと思うが、われわれが到達《とうたつ》した結論はだなあ、結局、「大川隆法っちゅうのは、閻魔大王の生まれ変わりであり、閻魔大王が、この世に天使の顔をして生まれ変わって、日本人を地獄に堕《お》とすために、人々を善人の世界というものに誘惑《ゆうわく》して、みんなを、『自分は善人だ』と思わせておいて、そのあと、ストーンと地獄に堕とすのが目的じゃないか」ということだ。みんなの意見は、だいたい、そういうことに一致《いっち》してきてるな。

この人はね、本当は日本人を裁くために来とるんだけれども、「みなさんを天国に連れていってあげますよ」って言うバスガイドみたいなふりをしてる。かわいい声を出して、「みなさま、まもなく天国行きのバスが発車いたします。高千穂峰《たかちほのみね》は、あちらでございます」なんて言っていながら、あとで、みんなを谷底《たにぞこ》に落とすつもりでいると思うんだ。

だから、気をつけたほうがいいぞ。あんたら、いちばん先に落ちるかもしらんからさあ。

3　松本清張の人間観

「善人は一人もいない」と考える松本清張

武田　松本先生の人間観では、善人は存在しないのでしょうか。
松本清張　いてはいけないね。
武田　いてはいけないのですか。
松本清張　そんなの、いるわけない。絶対いない。
武田　いないのですか。
松本清張　いない。善人なんか、この世には一人もいない。
武田　一人もいないんですか。

松本清張　いない。だから、「善人のふりをしてる」っていうこと自体が、悪人であることの最大の証拠《しょうこ》だ。善人とか、神様、仏様とかに見せようとしてるやつが、この世でいちばん醜《みにく》い心を持った、最大の悪人に間違《まちが》いないね。

武田　では、基本的に人間は悪人ということですか。

松本清張　悪人ですよ。基本は悪です。人間は、やっぱり、欲望で生きてるものですから。欲望で生きている、汚《きたな》いものですよ。

だから、深層海流なんて、こんなきれいな言葉で言っちゃあいけないよ。人間はねえ、泥《どろ》の溝《みぞ》のなかを這《は》ってるミミズみたいなもんだ。それが人間の本性《ほんしょう》だよ。それを、ドブのなかを這ってるミミズっこがさあ、「私が天使だ」「如来《にょらい》だ」「神様だ」って言うとるのよ。こういうのに騙《だま》されちゃいけないんだよ。

だから、貴族など、いい家柄《いえがら》に生まれただとか、学歴が高いだとか、社会的地位が高いだとか、金持ちだとか、美男だとか、美女だとか、この世的な名家《めいか》だとか、いろいろあるだろうけど、こんな飾《かざ》りで騙されちゃあいけない。こんなの、ただの金箔《きんぱく》にしかすぎないんでね。
そういうほうに人を釣《つ》ってこようとしてるやつ、「あんたも、これで偉《えら》くなれる」「金持ちになれる」「有名になれる」と言って、人を釣ってるやつ、こんなのは、きっと悪魔《あくま》に違いないからさあ、こんなのには絶対に騙されないようにして、そのトリックを見破らなきゃ。
まあ、千種類ぐらいあるトリックを見破るだけの自信が私にはあるからね。
おまえら、単純だからさ、一発目のトリックで引っ掛《か》かるんだよ。

武田　分かりました。

松本清張　ああ。だから、「大川隆法」なんて名前に騙されちゃ駄目《だめ》なんだ。これ、「泥川《どろがわ》ドジョウ」とか、そんな名前がいい。ほんとは、そんな感じなんだ。

武田　松本先生がいる世界には、善人は一人もいないということですね。

松本清張　そんなものがねえ、世の中にいてたまるか。

今の清張霊《れい》の周りには雑誌のライターなどが大勢いる

松本清張　だからねえ、わしは、あえて言えば、宗教では親鸞《しんらん》みたいなものであってねえ。「自分は悪人だ」と思ってるやつが、ほんとは善人で、「自分は善人だ」と思ってるやつが、ほんとは悪人だと思っとるからな。

わしらの周りにいる作家仲間たちは、「われらは悪人だ」と思ってるからさあ、「ここが天上界《てんじょうかい》なんだよな」って、みんなで話してるんだよ。

武田　では、周りには作家の方がたがいるのですね。

松本清張　大勢いるよ！

武田　大勢いるのですか。

松本清張　大勢いるよ。ゴロゴロいるよ。

武田　いろいろと研鑽《けんさん》をなさっているわけですか。

松本清張　そうそう。作家とは限らないけどさあ、いちおう、そういう物書きや、ジャーナリスティックなものとかに関心のある連中が、たんといるよ。

新聞とか、週刊誌とか、月刊雑誌その他のライターみたいなやつが、何だか、ウジャウジャいて、たくさん仕えてくれる。「まあ、先生、一献《いっこん》どうぞ。つまらん酒ですけど」って言うて、寄ってくる。

だから、ここは、暗いように見えるけど、もしかしたら、ほんとは接待の場なんじゃないかな。接待のときには、やっぱり、ムードっちゅうのが大事だからさ。だから、「地獄《じごく》のふりって、なかなか面白《おもしろ》いもんだねえ」なんちゅう感じだなあ。

武田　先生のように有名な方は、ほかにもいらっしゃいますか。

松本清張　そりゃあ、わしほど有名な人がいるかどうかは知らんけど、数は、かなりいるなあ。まあ、それぞれのプライバシーっていうものがあるから、名前を言っちゃあいけないけどね。

武田　私でも分かるような著名な方はいますか。

松本清張　うーん。そりゃあ、たくさんいるんじゃないか。

武田　やはり、日本の方ですか。

松本清張　うーん。わしゃあ、いちおう英語も少しは勉強したけど、身につかんかったからさあ、外人は、そんなに得意ではないので、日本人が多いことは多いな。

武田　先生は社会派推理小説で有名になられましたが、そういったジャンルの方などが多いのでしょうか。

松本清張　ああ、それは、やっぱり、いるわな。付き合いは、やっぱりある。だいたい、夜だからさあ、飲んだくれとったら、そういう連中には、みんな、仲間が来てるがね。

武田　そちらでも、飲んで……。

松本清張　ああ。そりゃあ、気勢を上げてね、「世の中の悪を暴《あば》き、これを正さなきゃいかん」ということで、怪気炎《かいきえん》を上げてるね。

現在、渡辺淳一《わたなべじゅんいち》、五木寛之《いつきひろゆき》、山崎豊子《やまさきとよこ》などを指導している

松本清張　そして、地上にいる作家たちにも、〝よきインスピレーション〟を与《あた》えて、一万部でも余分に売らせるように頑張《がんば》ってるよ。

武田　そういう集まりをして、何を発信するかを決めて……。

松本清張　おお。やってる。みんなで〝指導霊《しどうれい》〟になってね、頑張って応援《おうえん》してるよ。だから、例えば、渡辺淳一《わたなべじゅんいち》だとかさあ……。

武田　ああ。

松本清張　五木寛之《いつきひろゆき》だとかさあ……。

武田　はい、はい。

松本清張　こういう有力な作家たちは、もうすぐ私たちの世界にやってくる人たちだけどさあ、こういう人たちにインスピレーションを与えるために……。

武田　インスピレーションを与えているのですか。

松本清張　与えてる。創作意欲をかき立ててるよ。

武田　そういう作家たちは、やはり、先生と同じような波長《はちょう》というか、考え方を持っているのでしょうか。

松本清張　「波長」ってのは、よく分からんけど、「話が合うかどうか」っちゅうことはあるわな。だから、「この世の悪を知った人」っていうのは、やっぱり、偉いと思うんだよな。そういう人が、ほんとは神様に近いんだと私は思うね。

それから、この人もまだ生きてるけど、なかなか手ごわくて、私とどっちが偉いか、あの世に来たら競争しなきゃいかんと思っているのが山崎豊子《やまさきとよこ》だよな。

武田　ああ。

松本清張　これは、なかなかのやつで、資料調査も行き届いてるし、筆も立つし、社会派小説において、日本人としては欧米《おうべい》の大作家並みの長編を書いている。この人の作品も、映画だとかテレビだとかにずいぶんなっていて、まあ、女だけど、わしの再来みたいなもんだよな。

この山崎豊子あたりも、たぶん、わしぐらいの格に近いんじゃないかと思うな。あの世に来るのを待ってるんだがな。

武田　インスピレーションを与えて、山崎さんを直接ご指導されたりするのですか。

松本清張　それはあるね。ちょっと、女としての筆力が足りないところがあるときには、やっぱり、インスピレーションを与えに行くね。

だから、わしらも働いとるわけよ。ただではねえ、人間、生きていけないのよ。やっぱり、働かんとね。「働かざる者、食うべからず」でね。勤労は大事だよ。

武田　どのような人のところに指導に行けるのですか。

松本清張　やっぱり、ある程度の作家でないと、格がね。ある程度の格の人でないと、指導したって、しょうがないからな。私が付けば、作品が、ミリオンセラーっていうか、だいたいベストセラーになるんだな。

松本清張から見た、「いちばんの偽善者《ぎぜんしゃ》」とは

武田　松本先生は、自分が行きたいと思う人のところに指導に行けるのですか。それとも、何か条件があるのでしょうか。

松本清張　うん。まあ、行きたいところだ。だいたい、もう通路ができてるからさあ。

武田　「相手が誰《だれ》でも」ですか。

松本清張　「誰でも」ってことはない。なかには、嫌《きら》いな人もいるからな。嫌いな人というのは、やっぱり、偽善者《ぎぜんしゃ》だね。

武田　ああ。偽善者。

松本清張　偽善者で、ええことばっかり言ってる人。だからねえ、おまえらのところで出した雑誌なんか、読む気が、全っ然、起きないわ。

武田　読む気がしないのですか。

松本清張　まったく面白くねえや。

武田　そうですか。

松本清張　売れなくて当然だよ。あんなもん、売れてたまるか。

武田　社会性もある雑誌だと思うんですが。

松本清張　あんなもんに騙されてねえ、ありがたがってるやつの顔が拝《おが》みたいわ、ほんとに。まったく面白くない。

君らね、ちょっと、へんてこりんな雑誌を出してるから。

ここに誰かいるか、出してるやつ。そんなの、いるのか。（村上がうなずく）ああ、いるのか。

武田　いますね。

村上　失礼しました。

松本清張　おまえ、殺人事件の一つも取り上げてみろよ。人間はね、悪を見たいんだ、悪を。人様《ひとさま》の悪を見てスカッとするんだよ。「ええ話ばっかり書かれて、誰が喜ぶか」っちゅうんだよ。「こういうのが偽善だ」っていうことが、君、なぜ分からないんだよ。

村上　先生が偽善者と考えておられる作家の代表というと、どなたでしょうか。「こいつ、偽善者だな」という……。

松本清張　偽善者として、同業者の名を言うのは、なかなか難しいけどなあ。同業者に「偽善者」とまで言うと、いちおう喧嘩《けんか》を売ることになるから、あまり好きではないが、あえて、世のため人のために、その名を明かすべきだとすりゃあねえ、そうだね……。

私は、いろいろな本を勉強してきたから、そのなかには、いろいろな善悪が数多くあるけどねえ、うーん、いちばんの偽善者は、いったい誰だろうねえ。

偽善者といっても、いろいろなので、ランキングを付けるとしたら、なかなか難しいものがあるから、気をつけなきゃいけないけど、いちばんの偽善者は、うーん、まあ、そうだな、今、大川隆法ではないか（会場笑）。

宗教が悪であることは、だいたい、みんなが知ってるんだけど、悪なるものであるにもかかわらず、本を大量に出してベストセラーにしてる。この騙し方のすごさは群を抜《ぬ》いてるわ。

だから、これは、やっぱり、偽善者のナンバーワンだね。これは間違いなくナンバーワン級だわ。戦後ナンバーワンだ。間違いない。ナンバーワン級だね。

嫉妬心《しっとしん》を「人間の原動力」と主張する清張霊《れい》

松本清張　それ以外には、曽野綾子《そのあやこ》も、一時期、偽善者だったこともあるけど、最近は、もう、わしらの仲間のほうに、ちょっと近寄ってきたような気がするなあ。年を取ったからかもしらんけど、なんかね、毒がだいぶ含《ふく》まれてきたから。

武田　毒ですか。

松本清張　うん。なんかね、書くものに毒が含まれてきたから、「なかなか人間通《つう》になってきたな」という感じがする。

武田　毒とは、どういうものなんですか。

松本清張　要するにね、年を取るにつれて、嫉妬心《しっとしん》が強くなってきたわなあ。

武田　嫉妬心ですか。

松本清張　そのへんで、わしらのほうに来るか、来ないか、今は、ちょっと引き合ってるところだな。

武田　なるほど。先生は嫉妬心を評価なさるわけですね。

松本清張　「嫉妬心」ってのは人間の原動力じゃないか、君。

武田　原動力ですか。

松本清張　原動力じゃないか。嫉妬心なくしてね、勤労意欲や、「金を稼《かせ》ごう」という意欲が湧《わ》くと思うか。君ねえ、金を稼ぎたかったら、もっと嫉妬心を持ちたまえ。満足しちゃいけないいんだよ。嫉妬しなさい、嫉妬を。もっと、ちゃんと嫉妬しなさい。

おお、君の心のなかにもある！

武田　私の心のなかにも？

松本清張　嫉妬心はちゃんとある、メラメラと。

武田　はあ。

松本清張　「わしのほうがよく勉強ができたのに、わしよりも勉強ができなかったくせに、大学だけは、ちゃんと、わしよりええところに行ったやつがおる。許せん！」と思う気持ちがある。心のなかに、それが見える。

一点、これがある。これを増幅《ぞうふく》し、大きくしていくと、嫉妬の塊《かたまり》になってくる。それが出世欲になって、金を稼ぐ欲になり、名誉《めいよ》欲に変わってくるんだ、君！

武田　先生は、そのような狙《ねら》いを持って小説を書いていたのですか。

松本清張　いや、そんなことはない。私は、正義の神として、社会悪を糺《ただ》すこと、社会を正すことを目的にしてる。

武田　社会悪が生まれる原点が、嫉妬心だということですか。

松本清張　嫉妬だけじゃない。嫉妬や差別、不公平感。

それから、やっぱり、生まれによる不幸は大きいよね。

また、事件などがあるよね。自分の思いに反して、殺人事件などの犯罪に巻き込《こ》まれたりする。故《ゆえ》なくしてねえ、そういう事件に巻き込まれ、不幸に転落していく人が大勢いる。

私は、取材の過程で、そういう人をたくさん見てきたよ。ほんと、善人のように生きてた人たちがね、故なくして、事故に遭《あ》ったり、殺されたり、病気になったり、なんらかの原因で転落していく。それからあとは、もう、救うに救えないような状況《じょうきょう》になっていく。

「神様、仏様なんか、いてたまるか！」っていう感じだね。神様、仏様がいたら、こんなことは絶対ありえないのに、そういう本当に純真な人たちがねえ、もう、社会の濁流《だくりゅう》に呑《の》み込まれ、沈《しず》んでいく姿を見てね、「これを助けないで、正義なんちゅうものはあるわけがない」と強く確信したね。

武田　なるほど。

「高学歴エリートたちを見返してやりたい」という衝動《しょうどう》

武田　それを描《えが》いて、先生は何を伝えたかったのでしょうか。救いたかったのですか。

松本清張　要するに、この世の中をね、「正義の支配する世界」にしたかったわけよ。

武田　ほう。

松本清張　うん、うん。正義の支配する世界にね。だからね、やっぱり、この世の支配階級を、まず打ち崩《くず》さなきゃ駄目だなあ。

さっき、朝日新聞について言ったけど、朝日のなかには、もう鼻持ちならんやつが、大勢いたからねえ。あれを見返してやりたいよね。エリート？

武田　はいはい。

松本清張　自分たちをエリートだと思ってなあ。学歴エリートで、いい給料をもらって、ハイヤーに乗ってさあ、いい格好をして、もう神様みたいに威張《いば》っているやつは、大勢いたけどねえ。

それを、私らのような叩《たた》き上げの作家が、ベストセラー作家になってきて、「どうだ、書けるか。書いてみろ。これだけ本を売ってみろ。これだけのベストセラーを書けるもんなら書いてみろ。おまえらは、匿名《とくめい》でしか記事を書けねえだろうが。そんな弱虫じゃねえか。そうやって新聞社の名前で守られていないと、匿名でしか批判記事を書けないが、われらは、堂々と自分の名前で書いてるんだ」ということだな。

だから、「やつらに嫉妬させたい」っていうぐらいの強い衝動《しょうどう》を感じたね。

武田　なるほど。

松本清張　エリートの塊だったからね、ああいうところは。

武田　そうすると、先生には、朝日新聞社や、その社員の人たちに対して、少し思うところがあるわけですか。

松本清張　まあ、朝日だけじゃないよ。朝日は、ジャーナリストの象徴《しょうちょう》の一つだけどさあ。あとは、東京帝国《ていこく》大学だよ。あれは、もう諸悪の根源だな。

武田　諸悪の根源ですか。

松本清張　うん。根源だよ。こんなものをつくったことが、日本を悪くしたんだ。

武田　そうですか。

松本清張　こういう権力者の製造機械をつくったために、これが、どれほど、社会の裏で甘《あま》い汁《しる》を吸って、悪さをしているか。

たまたまいい家に生まれたり、たまたま数学ができたり、たまたま英語ができたりとかさあ、それもフェアじゃねえよな。家庭教師がついたり、塾《じゅく》に通ったりしてるようなのは、わしらみたいに生まれの悪い者にとってはさあ、そんなもん、望むべくもないことだな。こんな理不尽《りふじん》ななかで戦ったんだからさあ、やつらが凡人《ぼんじん》より上なんだったら、私は、もう神様だよ。だから、しゃあないわなあ。

武田　ただ、学力というのは、環境《かんきょう》の優劣《ゆうれつ》の影響《えいきょう》もあるのでしょうけれども、やはり、個人の努力によって決まるものではないでしょうか。

松本清張　だって、私は、東京大学に行きたくても行かせてもらえなかった。行けないんだから、しょうがない。かわいそうじゃないか。生まれつき、家が貧しくて、働かなきゃいけない人は、どうしてくれるんだね。ええ？

武田　先生は、東京大学に行きたかったんですね。

松本清張　それは、行けるもんなら行きたいよ。でもな、まあ、勉強はそんなに好きじゃなかったので……。

武田　勉強はできたのですか。

松本清張　いやあ、私は、どっちかと言うと、本を読むのは好きだったけど……。まあ、ちょっと、その怨念《おんねん》みたいなものは、成仏《じょうぶつ》しなかったねえ。あんな大全集を出しても、まだ成仏し切らん。

やっぱり、嫌いなのはね、明治以降の、夏目漱石《なつめそうせき》だの、森鷗外《もりおうがい》だの、あのあたりから始まるエリートな。明治政府が認めた官制のエリートたちから文壇《ぶんだん》が始まったことが、悔《くや》しくて悔しくって、しょうがないんだよなあ。

武田　それが悔しかったのですか。

松本清張　悔しくて悔しくて。でも、戦後は、まともに大学へ行ってない人が、かなり中心になってきて、だいたい変なことをやった人が小説家になっただろ？　麻薬《まやく》をやったり、酒を飲んだくれたり、事業に失敗したり、病気になったり、人を殺したり、いや、殺してはいねえかな？　まあ、犯罪に巻き込まれたり、いろいろ面白い体験をした人が作家になってるけど、そのへんは、なんか、スキッとするような気はするけどねえ。

そういう意味で、作家の学歴が下がってきているからさあ、そういう東大出のやつらは、みんな、テレビ局に行ってディレクターをやったり、新聞社に行って裏方でなんか偉そうな記事を書いたり、編集委員になったりしてね、最前線に行って汚いことはあんまりしないようにやってるけどさあ。

まあ、作家になるような人たちは、だいたい、大学にも行っていないことが多い。小学校卒っていうのは、さすがにないだろうけど、高校中退とか、高卒とか、大学でも中退で、授業に行かなかったやつが作家になってるよね。あとは、本三昧《ほんざんまい》でやった人かな。うん。

だから、大川隆法みたいなやつは、いちばん困るんだよ。うっとうしい。

武田　作家のなかには、東大卒の人もいらっしゃると思うのですが、大半は、やはり……。

松本清張　大半は、もう、権力欲や名誉欲の塊だよ。

武田　そうでしょうか。

松本清張　権力欲、名誉欲、出世欲、それで、表《おもて》だけはいい顔をして、裏では、もう悪いことをいっぱいしている。

武田　ただ、やはり、現代の日本を支えたり、研究の第一線で活躍《かつやく》されている方が大半だと思うんですけれども。

松本清張　裏で何をやってるか、それは取材しなきゃ分からないよ。

武田　取材をされたのですか。

松本清張　あれはねえ、もう、立派な研究者みたいな顔をして、裏ではちゃんと賄賂《わいろ》を取ったりね。「東大の医学部を出て、もう最高の頭脳で、偉い先生だ」と思ったら、謝礼と称《しょう》して、何もしないで現金をもらって、税金も納《おさ》めてないのが、大勢いるじゃないか！

みんなで、もう、地獄に行けよ、ほんとに。

武田　そういう人が許せないんですね。

松本清張　うん。ほんと、そう思うなあ。

武田　松本先生の『深層海流』という小説も、エリート官僚《かんりょう》を題材にしていましたけれども……。

松本清張　そうなんだ。もう、けしからんなあ。

武田　やはり、そういう人たちに注目しておられたのですか。

松本清張　やっぱりね、虐《しいた》げられた人たちを助けることが大事なんだよ。

武田　ああ。

松本清張　マスコミなんかも、本来、そういう使命を持ってるんだ。ところが、エリートたちの溜《た》まり場になってきつつあるところがけしからんね。マスコミに、そういう人たちが来始めたあたりから、間違いが起きてるよね。

明治以降、教育制度をつくって、まあ、いろいろ、人工エリートをいっぱいつくったんだろうけど、「人工偽善者」もたくさんつくってきたと思うなあ。

そのへんが、やっぱり、スキッとしねえな。

武田　ただ、一面で、「日本の高度成長を支えたのは官僚たちであった」ということが言えるかと思いますが、それはどうですか。

松本清張　知らんな。そういう面もあるかもしれんが、戦後は、みんな頑張ったんだよ。だから、そのなかで、偉そうに音頭《おんど》を取って見せたりしたやつだけが、そういう手柄を手に入れたんだな。

武田　なるほど、そのように見ているんですね。

4 他の作家に対する印象

日本刀を振《ふ》り回す三島由紀夫《みしまゆきお》とは「肌合《はだあ》いが合わない」

村上　そうしますと、例えば、東大出ということで言えば、三島由紀夫《みしまゆきお》については、どう思われますか。

松本清張　三島は、肌合《はだあ》いがちょっと合わねえんだけどなあ。ほら、あんたらは何でも呼べるんだから、呼んだらいいよ。

だけど、ここのおっさんは、いや、ここの先生は、三島を呼びたがらないんじゃねえか？　どうせ、三島を呼んで、居座られるのを嫌《いや》がってるんじゃないの？　たぶん、そうだな。あの死に方から見て、嫌《きら》いなんだろう？　ちょっと怖《こわ》いんだろうよ。

武田　そちらの世界では、お会いになったりするのですか。

松本清張　ああん？　いやあねえ、なんか、ちょっとだけ肌合いが違《ちが》うんだよなあ。でもねえ、あれ、同じ場所じゃねえな。やっぱり、ああいうやつとは、話が、もういっちょ合わんからさあ。

武田　どのあたりが合わないのですか。

松本清張　なんか知らんけどさあ、日の丸の鉢巻《はちま》きをして、日本刀を振《ふ》り回す、あの感じは、ちょっといただけないな。

武田　ああ。

松本清張　わしはなあ、ペンで戦うんであってね、あんな……。

武田　松本先生のほうが知的だとおっしゃりたいんですね。

松本清張　ええ。ああいうねえ、ボディービルをやって、日本刀を振り回すようなやつは、あんまり好きじゃないねえ。

武田　（笑）はあ。

松本清張　それから、血、血、血。自分で腹をかっさばいたり、首を落としたりする。ああいう猟奇《りょうき》事件は、私の取材の対象にはなるけど、仲間にはしたくないね。

武田　あの方は、霊界《れいかい》で、どういう人たちと一緒《いっしょ》にいるか、ご存じですか。

松本清張　どこにいるんだろうねえ。まあ、本人に訊《き》いてくれよ。できるんだろう？訊きゃあ、いいじゃないか。そんなの分かんねえよ。一緒にはいないわ、申し訳ないけど。

戦争の勝者をほめる司馬遼太郎《しばりょうたろう》は「けしからん」

村上　司馬遼太郎《しばりょうたろう》先生については、どのようにお考えですか。

松本清張　司馬か、うーん……。最近、死んで、こっちのほうに来てるとのことだけど、会えないなあ。あんまり会わないけど、あいつも、インテリは嫌いなはずなんだけどなあ、ほんとはな。

村上　そちらでは、ほとんど交流がないわけですか。

松本清張　ああ。インテリは嫌いなはずなんだけどな。

いや、売れたのは、同じように売れたし、まあ、ドラマや、いろいろなものになっとるんだろうけど。

あいつにはねえ、アホなところがちょっとあるんだよ。ちょっと〝切れて〟るんだよ。凧《たこ》の糸がプチッと切れてるところがあってさあ、パーッと舞《ま》い上がっちゃうんだよ。こう、上のいいところだけを見てさあ、そのあと、深層部分を掘《ほ》り出していかないからさあ。これがいかんわなあ。

村上　「人間が持っている闇《やみ》を追究していない」ということですか。

松本清張　うん、そうなんだよ。だから、日露《にちろ》戦争みたいなんだって、バルチック艦《かん》隊《たい》に完勝したのを、もう、いかにも英雄譚《えいゆうたん》みたいに書くじゃないの。なあ。

わしに書かせたら、ロシア側の視点から書くね。そしたら、「もう、みんなボロボロになって、殺されて死に絶えた。偶然《ぐうぜん》に弾《たま》が当たって、艦長がやられてしまった。

船が沈《しず》んで、ものすごい不幸だった。本来、勝つべき戦いだったのに、こんな不幸なことがあっていいのか。このために、その後、ロシアには革命が起きて、ロシアの民《たみ》は、七十数年間、苦しみ抜《ぬ》いたのであった。すべて、東郷平八郎《とうごうへいはちろう》の責任である」と。わしだったら、そのように、逆の立場から〝社会悪〟を糺《ただ》すなあ。

だから、「東郷の撃《う》った弾が当たった」っていうことが間違いなんだよ。当てられたほうの悲劇を、やっぱり書かなきゃいけない。

村上　やはり、反戦側の作家のほうがお好きなのでしょうか。

松本清張　反戦だよなあ。やっぱりなあ。勝ったほうをほめるなんていうのは、けしからんことだよ。

それは、侵略者《しんりゃくしゃ》や盗人《ぬすっと》をほめてるのとほとんど一緒なんだ。強盗《ごうとう》や盗人、殺人をほめてるのと一緒であって、やっぱりね、そういう人が裁かれて、惨《みじ》めに没落《ぼつらく》して、刑《けい》務所《むしょ》にて死刑にされていくところを書かなきゃいかんわけだよ。東郷平八郎なんか、神社に祀《まつ》られるべきではなくて、絞首刑《こうしゅけい》になるべきだったんだよ。うん。

吉川英治《よしかわえいじ》は「ポパイみたいな元気印の男」

渡邊　松本先生のお話からすると、吉川英治《よしかわえいじ》さんなどには、やはり、あまりよくない感じを持たれているのでしょうか。

松本清張　吉川か……。うーん。あれも、学歴はねえけど、あいつなあ、なんか元気印でさあ。「あいつ」って言っちゃいけないのかなあ。まあ、元気印だからさあ。あいうのは信じられないいんだよ。あれ、人間かよ。あんなの、ありかい？

何だか知らんけどさあ、あんなのもいるんだな、ほんとなあ。何でもかんでも、元気印で、昔、あったじゃないか。「ポパイ　ザ　セーラーマン」なんちゅうのがあって、ほうれん草の缶詰《かんづめ》を食べたら、筋肉モリモリになって、ビューンと力が出てくるようなのがさ。

あいつは、あんなポパイみたいな男なんじゃねえかな。なんか知らんけどさあ、ほうれん草なんか食ったって、力は出ねえよなあ（会場笑）。そうだろう？　真実はそうだろう？　缶詰のほうれん草を食って、そんな、力が出るか？　ありえないよ。

草食動物じゃねえんだから、そんなことがありうるわけはないんだよ。「ビーフの缶詰を食ったら、力が出る」っていうのは分かるよ。ほうれん草なんか食っても、力が出るわけがねえんだけど、やつは、ほうれん草を食って、力がモリモリ、筋肉のこぶをつくってさあ、それで、スーパーマンみたいに空を飛びまくる男なんだよなあ。

　あれは、ちょっと理解不能だなあ。

村上　光の玉のように見える感じなのでしょうか。

松本清張　玉っちゅうことはねえけどさあ。ああいうのは、ある意味で、いかれてるんじゃねえの？

村上　いかれているんですか（笑）（会場笑）。

松本清張　ぶっ飛んでるんだよ。あれはね、まあ、言ってみりゃあ、覚醒剤《かくせいざい》をやったような感じだよ。孫悟空《そんごくう》みたいなもんで、ぶっ飛んでるんだよ。俺《おれ》の仲間じゃない。

5 「創共協定《そうきょう》」の裏側

渡邊　松本先生は、生前、共産党の宮本《みやもと》委員長や、創価学会《そうかがっかい》の池田大作《いけだだいさく》会長（いずれも当時）などを自宅に呼んで、会談を設定し、「ファシズムと戦うために、互《たが》いに手を握《にぎ》るべきだ」と言って、創共協定《そうきょう》というものを提案したことがありましたね。

松本清張　ん？　君、なんかちょっと、うるさくなってきたなあ。

渡邊　いえいえ、申し訳ありません（笑）。

松本清張　そっち（チャネラー）に入ろうかなあ。仕事がないとかわいそうだからな。こっちに入ったほうが、ちょっと弱くなるんじゃねえか。

渡邊　はい。では、よろしくお願いいたします。

松本清張　この人ね（大川隆法を指す）、ちょっと敵だからさあ、俺《おれ》、あんまり好きじゃないんだよ。長くいるとね。じゃあ、ちょっとそっちに入るわ。

渡邊　お願いします。

大川隆法　はい。それでは、松本清張さん、どうぞ、そちらへおいでください。

（松本清張の霊《れい》がチャネラーへ移動。約十秒間の沈黙《ちんもく》）

松本清張　ううーん、ううん？

渡邊　松本先生、どうもありがとうございます。

共産党の宮本委員長と創価学会の池田会長との間で、一種の休戦協定である創共協定を結ばれたときの話をお伺《うかが》いしたいと思います。

松本清張　おまえ、うっせーやっちゃなあ。なんだよ、うん？

渡邊　今、ちょうど、吉川英治《よしかわえいじ》さんや司馬遼太郎《しばりょうたろう》さんの印象をお聞きしたところなので、松本先生から見た、そのときの宮本共産党委員長や池田大作創価学会会長の印象について、教えていただけないでしょうか。

松本清張　そのときの印象って？

渡邊　はい。

松本清張　まあ、池田さんは、あれだよ。俺たちと同じ考え方だからなあ。やっぱり、反戦とさあ、日本の間違《まちが》った思想を正そうとされてるんだよ、あの方も。

渡邊　よく「平和」と言われますものね。

松本清張　世の中の社会悪というものを、あの方も、よく見てるからなあ。俺たちの考え、思想と共鳴するのは、当たり前じゃないか。

渡邊　うーん、なるほど。

松本清張　おまえさんがたとは違うよ、それは。

渡邊　（笑）

松本清張　弱者とか、社会で虐《しいた》げられた人たちのことを、池田さんはよく分かっていらっしゃるからなあ。

渡邊　なるほど。では、共産党の宮本委員長のほうは、どうですか。

松本清張　宮本は、うーん……。俺は、宮本のことを、あんまり好きじゃねえんだよ、ほんとは。

渡邊　それは、「共産党自体が好きではない」ということなのでしょうか。それとも、個人の問題なのでしょうか。

松本清張　まあ、共産党のなかにも、俺が認めてるものはあるんだが、共産党が権力を持つことは、俺は好きじゃねえんだよ。

渡邊　なるほど。

そうすると、「池田会長と宮本委員長の手を結ばせる」という動きを、あえてされた目的は、何だったのでしょうか。

松本清張　うーん、まあ、「あえて」というか、社会のなかでは、同じ思想を持った人間は一緒《いっしょ》に協同するからなあ。
　だから、池田会長の創価学会には組織力があるだろう?
渡邊　はい。
松本清張　俺には、筆力しかねえからさあ。あと、あっちは政治のほうに力があるだろう?　共産党のほうは。
渡邊　はい、なるほど。
松本清張　それは、やっぱり、同じ思想を持つ者が集まってだな、一大センセーションを起こさなきゃいかんと思ったんだよ。
渡邊　それは、当時の自民党を中心とする「五十五年体制」などに対抗《たいこう》するための動きだったのでしょうか。
松本清張　うーん、おまえさんたちからすると、悪者《わるもの》にも見えるだろうけどな、おまえたちのほうが狂気《きょうき》なんだよ、はっきり言やあ。

俺たちのほうは、この日本国民の弱い人たちを救うための協定なんだよ。

渡邉　なるほど。

6　マスコミへの〝指導〟について

渡邊　先ほど、霊界《れいかい》の話で、マスコミの方もけっこういらっしゃるとのことでしたが、例えば、今、指導されているマスコミというのは、あるのでしょうか。

松本清張　誰《だれ》が？

渡邊　松本先生がインスピレーションを降ろして……。

松本清張　わしが、か？

渡邊　はい。

松本清張　それは、いろんなところを指導してるよ。

渡邊　例えば？

松本清張　うーん。

渡邊　松本先生ぐらいのお力があると、いろいろなところに行かれているのではないかと思いますが。

松本清張　まあ、それは、朝日新聞にだって、俺《おれ》の思想は入ってるわなあ。

渡邊　少し前に、「週刊朝日」が当会に関する誹謗中傷《ひぼうちゅうしょう》記事を書いたとき、『現代の法難《ほうなん》④　朝日ジャーナリズムの「守護神《しゅごしん》」に迫《せま》る』（幸福の科学出版刊）という本を出しましたが、ああいう本も読まれましたか。

松本清張　おまえたちな、ああいう悪いことをしちゃいかんよ。

渡邊　（笑）あれは悪いことですか。

松本清張　ああやってな、人の「悪いところ」を見つけて突《つ》くのは、俺の仕事なんだ。おまえさんがたは、人の「いいところ」を見るんだろう？

渡邊　はい。

松本清張　ああいう、人の「悪いところ」を見て、あんな暴《あば》き方をしてはいかん。何て言うか、悪いものっつうのはな、最後の最後まで暴かずにおくからいいんだよ。おまえさんがたは、いきなり、あんなかたちでなあ、霊言集《れいげんしゅう》などで真相を暴くなんて、ああいうのが〝社会悪〟なんだよ。分かるか。

渡邊　いやいや。

武田　松本先生も、「あれは悪いものだ」という認識はあるんですね。

松本清張　当たり前だろうがあ。

武田　いや、そちらではなくて、先ほど「悪いものを暴くのはいけない」と言われましたが、われわれが暴いたものが「悪いものだ」という認識はあるわけですね。

松本清張　だから、さっきも言ったんだ。悪いものが、ほんとは正しいんだよ。悪いものというのは、社会の均一性を守っとるんだ。

武田　「悪いもの」は「正しいもの」なんですね。社会に必要なものという……。

松本清張　そうだよ。おまえたちの言う「正しいもの」っていうのは、ほんとは「悪いもの」で、社会悪なんだ。

武田　ああ。先生がおっしゃる善悪とは、そういうものなんですね。

松本清張　一見、悪と見えしもののなかに、ほんとは正義が眠《ねむ》っとるんだよ。

武田　うーん、なるほど。

松本清張　だから、おまえたちのせいで、格差が開いて、貧乏人《びんぼうにん》が苦しんどるんだよ。おまえたちの、ああいう右翼《うよく》的な考えがさあ。

武田　ちなみに、その件に関しては、何か、かかわっていらっしゃったのですか。

松本清張　何の件だよ。

武田　「週刊朝日」の件ですが、知っていましたか。

松本清張　朝日？　ああ、知っとるよ。

武田　何かインスピレーションを降ろされたりしたのですか。

松本清張　インスピレーションなんて、そんな小さな、ちんけな記事ごときに、俺の文筆は合わねえんだよ。

武田　では、「知っている」という程度なんですね。

松本清張　ああ、知ってはいるよ。大川隆法の悪事を暴くんだろう？　それは、俺の仕事の一つではあるんじゃねえか。

武田　その記事を指導されていたわけではないのですか。

松本清張　うーん、やってたのは、誰か別のやつ、朝日系のやつらだろう？

武田　はいはい。

松本清張　ただ、俺は、その思想的な元になるものだ。

武田　元にいるわけですね。

松本清張　うん。文筆として、時代の価値観を示すのが俺の仕事だから。

武田　分かりました。

松本清張　うん。

7　松本清張の宗教観

「ボランティア精神に満ちた貧しい人たちの集まり」がよい宗教？

渡邊　松本先生は、本当にいろいろなかたちで、推理小説やノンフィクションものなどをずいぶん書かれていますが、今の先生の目から見て、日本の社会悪としては、何がありますか。

松本清張　だから、いちばんの社会悪は、おまえたちだ。おまえたちみたいな、新進《しんしん》気鋭《きえい》の宗教っていうのは、いちばんの社会悪なんだよ。

これがな、ウイルスのように世の中に広まっていくことがあるんだよ。これがな、熱狂《ねっきょう》した、変な闘争《とうそう》運動を起こしていくんだよ。それで、弱者を踏《ふ》みつけにして、苦しめるんだよ。

これが、今、いちばん危ないな。

渡邊　それに関して、先生は、霊界《れいかい》でも何か取材などをされているのでしょうか。

松本清張　取材は……、まあ、たまに情報はもらってるなあ。

渡邊　霊界でも、本を出されたりするのですか。

松本清張　うーん、本を出す必要まではねえがなあ。本を書くための指導はしとるっつうかなあ、ま、構想は練《ね》っとるよ。人間悪というのは、俺《おれ》らの世界では研究対象だからなあ。

これを研究してだな、次は、「どんな犯罪で人を殺せるか」とか、どんな社会悪が、いや、まあ、おまえたちから見たら悪に見えるけど、俺たちには正義なんだが、「こういう社会悪が世の中に広まることによって、権力者を倒《たお》せたりするかもしれない」とか、そういうフィクションを構想し続けるのが、わしの仕事だ。

渡邊　なるほど。

戦前の日本では、日本神道《しんとう》が大きな力を持つような動きもありましたが、戦後は、いろいろな新宗教が出てきています。そのような宗教の動きについて、松本先生の考えや印象などをお聞かせいただけますでしょうか。

松本清張　だから、宗教っつうものが、弱い者を助けるんだったら、俺はいいと思ってるんだよ。

渡邊　なるほど。

松本清張　宗教が、弱い者を助けてだな、恵《めぐ》まれない人たちに恵みを与《あた》えるボランティア活動をするようなものだったら、私はいいと思ってるんだよ。だけど、宗教が時の権力とくっついて、世の中をおかしくするときが、いちばん危ねえんだよ。

さっき、日露《にちろ》戦争の話も出てたけどさあ、ああいうのがいちばん危ねえんだ。宗教と権力が結びつくと、社会に悪や苦しみを生んでいくんだよ。

村上　では、どのような宗教がよい宗教だとお考えですか。

松本清張　よい宗教っていうのは、ボランティア精神に満ちた心を持った、貧しい人たちの集まりだ。

村上　具体的に、「こういう宗教がよい」という例はありますか。

松本清張　だから、俺の小説に書いてるような宗教だよ。

村上　それは、小さな新興宗教のようなものですか。

松本清張　うーん。まあ、そうだな。イタコさん程度でいいんじゃねえか。あとは、伝統宗教ぐらいかな。

幸福の科学とオウム教が同じに見える松本清張の邪見《じゃけん》

大川隆法　あなたは、近年、オウム真理教事件があったことを知っていますか。

松本清張　知っとるよ。

大川隆法　その教団は、あなたの目からは、どのように見えますか。

彼らには、死刑《しけい》判決などが出ており、刑が執行《しっこう》されるかどうか注目されるところですが、あなたの目からは、どのように見えますか。オウム真理教は、当会より一年ぐらい前にできた新興宗教ですけれども。

松本清張　うーん。わしの目からは、おまえさんがたと同じように見えるがなあ。理想とするものが違《ちが》ったのかもしれんが、わしから見ると、はっきり言って同じだなあ。狂信的に人々を惑《まど》わせて、自分たちの思想を押《お》し付けていく感じっつうのかなあ。俺には、どちらも、そんな感じに見えるなあ。

大川隆法　しかし、私たちは、サリンを撒《ま》いて、気に入らない人や自分たちの教えを信じない人たちを殺そうとはしませんけれどもね。

それは、やはり、私たちが、悪を徹底《てってい》していないのでしょうかね（笑）。

松本清張　オウムも、おまえさんがたも、物事をきれいにコーティングするだろう？　そして、教団に来た人たちに、「ここは、いい宗教かもしれない」と思わせるところがあるよな。

ただ、ほんとは刃《やいば》を隠《かく》し持っていて、入った瞬間《しゅんかん》に、その刃で周りを囲んでしまうっつうところは、本来の意味で宗教じゃねえんだよなあ。

大川隆法　そういうことをするのは創価学会《そうかがっかい》ではないですか。

松本清張　ああ？　そうかあ？

武田　それは、当会のことではないですね。

松本清張　そうかなあ？　まあ、俺には、宗教っつうものが、どこも一緒《いっしょ》に見えるんだよ。

創価学会はな、まあ、ちょっと、行動のところに問題はあるが、あそこの行動規範《きはん》、要するに、平和を求める行動とか、ボランティア活動とか、ああいうところは、俺も認めてるんだよ。

大川隆法　うーん。

村上　先ほど、「宗教が権力と結びつくのはよくない」という話をされましたが、そういう意味では、創価学会は、政党を持ち、議席も持って活動しています。それについては、どのようにお考えですか。

松本清張　あれが第一権力になったら、俺は認めんな。ただ、第一権力にはならねえだろう。

村上　では、公明党が三番手、四番手である限りはよいと？

松本清張　共産党だってそうだよ。権力を持っちゃいかんのだよ。

伝統宗教の葬式《そうしき》は「ストーリーを盛り上げるから面白《おもしろ》い」

村上　あと、伝統宗教である仏教やキリスト教などについては、どのようにお考えですか。

松本清張　まあ、あってもいいんじゃないのか。人が死んだら葬式《そうしき》もしなきゃいけないし、宗教の葬式っつうのは、それなりに面白《おもしろ》いからなあ。

渡邊　どうして面白いのですか。
松本清張　え？　葬式では、ほら、みんなが悲しんでるだろう？　あれはストーリーの盛り上げになるんだよ。人を殺すっていうのは、やっぱり宗教に……。
大川隆法　殺人事件に葬式がなければ、面白くないわけですね。
松本清張　そうだよ。必要だよ。
　もし、葬式がなくて、死体を川にでも流したら、まあ、それも面白いかもしれんがな。
大川隆法　「お葬式をあげてもらえなかった人の無念を晴らすために」などということを小説に書いたりすると、やはり、いいわけですね。
松本清張　そうだよ。葬式っつうのは、場を盛り上げるんだよ。そのなかに犯人がいたら、もう、最高だろうが。
大川隆法　うーん。

8　松本清張が「成仏《じょうぶつ》」できない理由

人生は「権力を持った瞬間《しゅんかん》に下《くだ》っていくもの」なのか

金澤　先ほどから、「権力は許せない。何であれ、権力を持つことは許せない」ということをおっしゃっていますが、松本先生が理想とされる社会のあり方とは、どのようなものなのでしょうか。

松本清張　うーん。理想的な社会のあり方なあ。

金澤　要するに、一部の権力者が政治を牛耳《ぎゅうじ》ったりすることは許せないわけですよね。

松本清張　だからなあ、山崎豊子《やまさきとよこ》も、そこはよく分かってるんだよ。
最初は、みんな善人に見えるんだ。だけど、人生っていうのは、権力を持った瞬間《しゅんかん》に下《くだ》っていくだろう？　人間っていうのは、みんな、そうなるものなんだよ。

誰《だれ》がトップになっても、世の中っつうのは、おかしくなるんだ。だから、ある意味で、トップを常に崩《くず》し続けることで、実は、社会のなかに正義が保たれるんだよ。

金澤　それは「永久革命」のようなものですか。

松本清張　そうだよ。まあ、そういうことだな。

トップが一人になったら駄目《だめ》なんだよ。だから、俺《おれ》は、「ここの宗教は危ない」って言っているんだ。

金澤　話は少し戻《もど》りますが、先ほど、「嫉妬心《しっとしん》が大事だ。それが、すべての原動力だ」ということをおっしゃいましたよね。

松本先生は、生前に、約千冊の本を書いていらっしゃいますけれども……。

松本清張　うん？　何？

金澤　生きていらっしゃるときに、ものすごい数の作品を出されたと思いますが。

松本清張　ああ、そうだよ。

金澤　その原動力も、やはり、嫉妬心だったのですか。

松本清張　いや、嫉妬心だけじゃないよ。そりゃあ、生きていく動機には、愛欲だの、権力欲だの、いろんなものがあるさ。

金澤　数多くの作品を書かれたいちばんの動機は、「個人的な恨《うら》みを晴らす」ということだったのでしょうか。

松本清張　俺には、「虐《しいた》げられた」という思いもあるけど、社会を見ていると、納得《なっとく》がいかない事件が多発しているだろう？　苦しむのはいつも弱者だ。

金澤　ああ、それで……。

松本清張　俺は、それに共感してだな、「社会悪がどこにあったか」ということを、ペンによって、筆力で、暴《あば》き出しているんだよ。

金澤　確かに、権力を握《にぎ》ったがゆえに堕《お》ちていく人もいるとは思うのですが、逆に、権力を持ったからこそ、人々のために尽《つ》くそうとする人もいるのではないでしょうか。
松本清張　そういうのを偽善《ぎぜん》っつうんだよ。偽善だ。もう、そこが危ねえんだよ。そこに陥《おちい》るから、社会が混乱していくんだ。そして、最後には、ヒトラーみたいなのが出てくるんだよ。
金澤　松本先生は、なぜ、そのように、悪いところしか見ようとしないのですか。
松本清張　だから、おまえたちの、そういうところが危ない思想なんだよ。人間っていうのは、どんな人間でも、心のなかには悪意があるんだよ。
金澤　悪意はあっても、それを乗り越《こ》えようとするところに、人間個人としても、社会としても……。
松本清張　違《ちが》う！　乗り越えようとするけれども、結局、欲望によって、人は、最後、苦しみのなかに陥る。これが人間の生きる道じゃないか。何を言っとるんだよ。
金澤　それを理想とされているのですか。

松本清張　理想じゃない。これが人間なんだよ。

金澤　ほう。そうしますと……。

松本清張　おまえさんがたのような怪《あや》しい宗教は、それを善意でコーティングするから怪しいんだよ。

「自由意志に伴《ともな》う責任」が理解できない清張霊《れい》

金澤　ただ、先ほど、「善人が、悪い人たちに虐げられて、不幸になっていくのは許せない」とか、「不可抗力《ふかこうりょく》で、事故に遭《あ》ったりして、転落していくのは許せない」とか、そういうことをおっしゃっていました。

確かに、そういうこともあるとは思うのですが、一方で、人間は、転生輪廻《てんしょうりんね》をしている存在でもあります。松本先生は、転生輪廻をご存じですか。

松本清張　ううーん？　転生輪廻？

金澤　ご自身が、すでに亡《な》くなっていることは、お分かりなんですよね。
松本清張　ああ、分かってるよ。
金澤　では、「人間の魂《たましい》は、あの世とこの世を転生輪廻している」ということは、ご存じですか。つまり、生まれ変わりのことです。
松本清張　転生輪廻っつうのは、仏教のほうの教えだろう？
金澤　ええ、そうですが、ご存じですか。
松本清張　知ってるよ。キリスト教では、それを否定してるんだろうが。
金澤　ええ。
ただ、「転生輪廻について知っている」ということと、「転生輪廻を事実として認めている」ということは別なのですが、松本先生は、どちらでしょうか。「転生輪廻は事実である」と、受け入れていらっしゃいますか。
松本清張　そういう考えがあるのは知ってるけど、俺は、別に、カエルだのヘビだのには生まれ変わんねえからさあ。

金澤　ええ。もちろん、人間は、原則として人間に生まれ変わります。私が言いたいのは、「この世には、いろいろな人生があり、そのなかには、不幸や悲しみもあるけれども、それらはすべて、人間が魂を磨《みが》いていくための、いわゆる砥《と》石《いし》の役割をしている」ということです。

つまり、自分に不幸なことや悪いことがあったからといって、単に、人を恨んだりするのではなく、それをどう乗り越えていくか、あるいは、人を許していくかということで、魂は磨かれます。幸福の科学には、このような教えがあるのです。

これに照らしてみると、たいへん失礼ながら、松本先生は、悪いことをすべて、人のせいや環境《かんきょう》のせいにしているように見えるのですが、その点については、どうお考えになりますか。

松本清張　なんか、おまえさんの言葉が、魔術《まじゅつ》のように聞こえてくる。

金澤　魔術ですか（苦笑）。

大川隆法　要するに、分からないんですね。

松本清張　おまえさんが何を言ってるのか分かんねえな。何を言ってるんだい？

大川隆法　あなたは、小説の題材として、殺人事件などを数多く扱《あつか》っていましたが、本当は、あなたの心のなかに、「人を殺したい」という衝動《しょうどう》が現実にあったのではないですか。

松本清張　うーん。「殺したい」っていうか、「消し去りたい」やつはいるけどなあ。

大川隆法　あなたは、犯罪者についての小説を数多く書いています。「故《ゆえ》なくして、追い込《こ》まれていき、やむをえず犯罪を犯《おか》してしまった人たちに救いがなく、そういう人たちが罪人《つみびと》になって不幸のうちに死んでいく」という小説を書き、あなたは、それを、社会悪の告発と称《しょう》するわけですが、私たちは、「人間には、自由意志というものがある」と考えているのです。

もし、自由意志がなければ、責任は生じないので、責任を取る必要もないわけです。

しかし、「犯罪を犯したら、裁かれる」ということは、やはり、「本人に、『こうすべきか、すべきでないか』と迷い、判断する、自由意志がある」ということです。それが責任を問われる根拠《こんきょ》であり、悪のほうを選んだ者に対しては、「犯罪を犯した」という認定がなされ、責任を取らされるわけです。

環境についての言い訳は、確かにありますが、同じ環境にあっても、当然、人によって選択《せんたく》は違いますからね。

松本清張　うん、まあ、そうだなあ。

大川隆法　例えば、あなたと吉川英治《よしかわえいじ》さんの生い立ちには、ある意味で、似ているところがあるかもしれませんが、彼とあなたでは、違う選択をしているように思います。

松本清張　うーん……、まあ……、うーん。俺の、このわだかまりを消し去らないといけないんだなあ。

大川隆法　これは、左翼《さよく》思想の源流の部分にあるエモーション（感情）を明らかにしなければ駄目ですね。

日本だけで考えれば、共産主義や社会主義は、反権力的なものに見えますが、実際の共産主義国は、巨大《きょだい》な権力を持った独裁者の国家であり、何千万もの人を平気で殺していきます。

こういうことは、自由主義の国ではありえないことです。自由主義国では、法律に則《のっと》って、一つひとつ判断をします。その結果、死刑《しけい》になる場合もありますが、「何百万、何千万もの人を殺す」ということは絶対にできないのです。

そういう国は、あなたの理想とするものでは、必ずしもないはずです。しかし、なぜ、そのような逆転が起きるのかが、あなたには分からないのでしょう。

むしろ、共産主義国家のなかにおいては、国民に自由がなく、環境要因のほうが強すぎて、逃《に》げられない状態、すなわち、人々がみな、牢獄に入れられて虜《とりこ》になっている状態なんですよね。

このあたりは、おそらく分かっていないのではないでしょうか。

武田　松本先生、どうですか。

松本清張　うーん（舌打ち）。
だから、俺が社会を正さなきゃいかんのだろう？　こうやって、俺たちみたいに迫《はく》害《がい》を受けた者がだなあ、社会のなかで、つらい思いをしている人たちの心を代弁して、作品を書かなきゃいかんのだよ。

権力を握《にぎ》りつつ弱者の味方のふりをする朝日新聞のヤヌス性

武田　先生の言う「迫害」とは、どのような意味なのでしょうか。
松本清張　つまり、社会は、平等じゃないだろう。
武田　平等じゃない？
松本清張　俺みたいに実力のある人間が、なかなか認められないだろう？
武田　ほう。
大川隆法　認められたではないですか。

松本清張　いや、それは四十を過ぎてからだろうが。
だから、世の中っつうものは、結局、若いときに差があるんだ。

大川隆法　うーん。

松本清張　この格差のなかで、善人が苦しんどるわけだ。その上に、おまえたちみたいな上の階級の者が、あぐらをかいているんだよ。

武田　つまり、「幼少時代に恵《めぐ》まれなかった」という、環境に対する恨みというか、消えない思いというものがあるわけですか。

松本清張　俺の恨みもあるが、俺は、社会の恵まれない人たちの恨みを代弁してるんだよ。

武田　いつごろから、そういう気持ちを強く持つようになったのでしょうか。

松本清張　ええ？　いつごろからって、もう、ずっとだよ。朝日新聞の記者をやってるときも、ずっと……。

武田　ずっとですか。

大川隆法　確かに、朝日自身が矛盾《むじゅん》していると思うんですよ。表向きは、「弱者の味方」という看板を掲《かか》げていますが、会社のなかには、エリートがけっこういて、実際に権力を握《にぎ》っているわけです。

松本清張　そうなんだよ。あそこは、ほんとに差別主義なんだ。

大川隆法　そのように、実際には権力を握っていながら、弱者の味方のようなふりをするという、「ヤヌス性」を持っているんですよね。

松本清張　俺が共産主義に納得がいかねえのはなあ、「弱者救済」と言いながら、エリート階級がいるところなんだよ。

武田　それは朝日新聞も一緒《いっしょ》なんですよね。

松本清張　朝日も一緒だよ。

大川隆法　（会場に向かって）もう、話が合わないから、元朝日新聞の人、こっちに出てきたらどうですか。

（矢内が質問者席につく）

松本清張　何なんだよ、これは。ええ？

大川隆法　あなたが好きか嫌《きら》いかは分かりませんが、朝日新聞と縁《えん》の深い人がいますのでね。

松本清張　（舌打ち）ううん。

「自助努力した人には道が開《ひら》ける」という真実

大川隆法　（矢内に）あなたは早稲田《わせだ》大学の社会科学部出身でしたか。

矢内　はい。社会科学部です。

大川隆法　この人は、早稲田大学の社会科学部を出て朝日新聞に入り、そこから当会に来た、少し〝ややこしい〟人ですが（会場笑）、今は幸福実現党で、非常に苦労しながら戦っています。

松本清張　狂信党《きょうしん》のやつらか。

大川隆法　（苦笑）面白《おもしろ》い名前ですね。（矢内に）狂信党で行きますか（会場笑）。

矢内　私《わたくし》は今、幸福実現党におりますが、以前は朝日新聞の記者をしていました。

松本清張　ああ、おまえ、記者をやってたのか。

矢内　そうです。

松本清張　どこでやってたんだ？

矢内　宇都宮《うつのみや》支局と長岡《ながおか》支局の二つを回ってきました。

大川隆法　警察回りをしていた？

矢内　そうです。警察回りが中心でした。

大川隆法　ああ、そうすると、関心が似ているかもしれませんね。

矢内　ですから、松本清張さんのおっしゃっていることが、何となく分かるんですよ。確かに、世の中には矛盾もありますし……。

松本清張　矛盾だらけだろう。

矢内　ええ。そして、「そういった矛盾を正すことが正義である」という見方もあるとは思います。

松本清張　そうだよ。おまえ、分かってるじゃないか。

矢内　私も朝日新聞にいたものですから（笑）（会場笑）。

五年弱の間、私も、あなたと同じような気持ちで仕事をしていました。

ただ、先ほど、大川総裁がおっしゃったように、人間の人生には、やはり、「自己責任の原則」というものが働いているのです。私は、朝日新聞から幸福の科学のほうに来て、それを学んだわけです。

松本清張　自己責任？

矢内　はい。人間の幸不幸は、単に、世の中の仕組みや制度だけで決まるものではありません。例えば、「特権階級や搾取《さくしゅ》している側の人がいるから、必ず不幸になる」というものではないのです。

松本清張　じゃあ、トップ階級にいるやつには、自己責任っつうのはねえのかよ。

矢内　そういう人たちには、努力をしている部分もあるんですね。

松本清張　努力かあ……。親のすねをかじってるだけじゃねえのかよ。ええ？

矢内　また、あなたが、今、霊界《れいかい》にいらっしゃるように、この世界は、この世ではありません。人間は、この世とあの世を生まれ変わっていますから、過去世《かこぜ》の思いや行い、徳というものが、今世《こんぜ》の人生に投影《とうえい》されることもあるのです。

松本清張　うーん、でも、俺には苦しみにしか見えねえなあ。

矢内　確かに、この世には苦しみが多いと思います。

松本清張　実際、俺は、苦しんでる人を取材してきてるからなあ。おまえだって、殺人現場に行ったことがあるんだろう?

矢内　あります。

松本清張　社会っつうのは、理不尽《りふじん》なもんだぞ。

大川隆法　確かに、犯罪者になる人には、「犯罪者になってから不幸になる」というよりも、「犯罪者になる前から不幸」というケースが多いのです。それは事実ですね。

松本清張　そうなんですよ。

大川隆法　それは、あなたがおっしゃるとおりですよ。不幸な人は犯罪者になっていくので、「そういう不幸な人をつくった社会が悪い」という考え方もあるだろうし、あなたは、犯罪を社会の責任にしてしまうことにより、個人の責める波動《はどう》を少なくして、彼らを救っている気持ちになっているのだろうと思います。

私には、あなたの思想を全部否定するつもりはありません。ただ、私は、「いろいろな苦労をしたとしても、自助努力をした人たちには成功の道が開《ひら》ける」と説いているわけです。松本清張さんは、まさしく、その典型的な例だと思いますよ。「恵まれない環境のなかで刻苦勉励《こっくべんれい》をした。勤勉であった」というのは間違いのない事実です。そして、大ベストセラー作家になり、日本では、知らない人がいないぐらい有名になりました。

松本清張　そうなんだよ。

大川隆法　ベストセラーを数多く生み出し、それらはテレビドラマにも映画にもなりました。まさしく、あなたは、立志伝中《りっしでんちゅう》の偉人にならなければいけない人なのに、まだ、心のモヤモヤが解けていません。そこに私は納得がいかないのです。

これだけ成功されたのに、なぜスッキリといかないのでしょうか。あなたは、東大《とうだい》出《で》の人より、はるかに成功されていますよ。東大を出たって、そんなに偉《えら》くも有名にもなりません。それなのに、なぜ、スッと成仏《じょうぶつ》されないのですか。

松本清張　なんか、俺は許せんのだよ。何て言うのかなあ。今の、この「嘘《うそ》で塗《ぬ》り固められた社会」っつうものが許せんのだよ。

一見、平和に見えるところがな、実は平和じゃないんだ。みんな忘れてるんだよ。「人間は善だ」と思い込み始めてるんだ。戦争とかが始まると、人は、人を恐怖《きょうふ》するんだが、いったん平和な世の中になると、人間は、人を「善なるもの」と見るだろう?

大川隆法　それは違いますよ。

あなたの原点には、戦争体験というか、「支配階級によって、国民が丸ごと不幸にされることがある」という経験があるのかもしれませんね。確かに、個人の力では止められないものもありますのでね。

下層から出て総理大臣になり、絞首刑《こうしゅけい》となった廣田弘毅《ひろたこうき》

矢内　松本清張さん、おそらく、あなたは、戦後の焼け野原のなかで、戦争の悲惨《ひさん》さを感じられたと思うのです。

松本清張　悲惨だよ。戦争は、ほんとに悲惨だよ。俺の小説に、戦争の悲惨さがいっぱい出てくるだろう？

矢内　そうですね。しかし、先の大戦では、約三百万人の日本人が亡くなりましたが、一方では、あの戦争によって、アジアの方がたは、列強による植民地支配から解放されました。つまり、戦争には、悲惨な面だけでなく、そういう「大きな仕事を成し遂《と》げた」という面もあるわけです。

松本清張　だからなあ、そういう思想が危ねえんだよ。

結局な、そうやって、「世界が平和になりました」と宣伝ばっかりするだろう？　それで苦しんでるのは、いつも弱者なんだよ。「三百万人を犠牲《ぎせい》にして、世界が平和になりました」だと？　俺は、こういうのが許せないんだ。こういう嘘で塗り固められた世の中を、俺は正さなきゃいけねえんだよ。

まずは三百万人を救わなきゃいかんのだよ。

矢内　嘘のように思われるかもしれませんが、それも真実なんですね。事実として、救われた方がたも大勢いて、世の中が光に満ちたのです。

松本清張　結局、それは、「弱者を切り捨てて、苦しめて、トップ階級だけ、平和になりました。トップ会談をして仲良くなりました」ってやつだろう？

大川隆法　ただ、トップ階級にも、下層から上がったものの、最後には悲惨な目に遭っている人もいますよ。

例えば、小説『落日燃《らくじつも》ゆ』（城山三郎《しろやまさぶろう》著）の主人公にもなった廣田弘毅《ひろたこうき》のように、石工《せっこう》の家に生まれたけれども、東大を出て、総理大臣になり、戦後、絞首刑《こうしゅけい》になった人もいます。また、東條英機《とうじょうひでき》のような大秀才《だいしゅうさい》も、やはり、A級戦犯《せんぱん》で死刑になっています。

そういう日本の特権階級というか、選《え》り抜《ぬ》きのエリートでも、戦犯として死刑になり、しかも、いまだに、罪が拭《ぬぐ》われていないというか、功績が全然認められずに、追及《ついきゅう》ばかりされている人もいるわけですから、ある意味では、上にも下にも、同じようなところはあるのです。

松本清張　うーん。

「神は人間を『悪なるもの』として創った」と考えている清張霊

矢内　あなたがいらっしゃる霊界も含《ふく》めて、神仏《かみほとけ》が創られた世界には、実は、光と闇《やみ》の両方があって……。

松本清張　違うんだよ！

矢内　その闇の部分も、実は、仏神《ぶっしん》の大いなる慈悲《じひ》によって支えられているのです。そういう両面を見ていく見方があると思うんですよ。

松本清張　神様は、たぶん、人間を悪としてつくったんだよ。その悪を隠《かく》すために、〝コーティングする善〟っていうものがあるんだよ。

だから、俺は、そのコーティングを取ってるんだ。「人間は悪なんだ」っていうのを見せとかないと、人は、人を信用しすぎるんだ。

大川隆法　確かに、あなたの作品を読むと、事前に、悪に対する〝免疫《めんえき》〟が付くところがあるので、その意味では、いろいろな悪人を描《えが》くことによって、世の中に善を施《ほどこ》した面はあると思います。

ただし、気になるのは、やはり、自己責任のところなんですよ。

先ほどの自由意志の話に戻るかもしれませんけれども、「生まれ育ちに恵まれなかった」とか、「現在ただいま、生活に困難があったり、お金がなかったりしている」とか、犯罪の動機の原動力になるような状況《じょうきょう》に置かれる人は大勢いますが、そういう立場に置かれたからといって、必ずしも全員が人を殺すわけではありません。殺す人もいれば、殺さない人もいます。踏《ふ》み止《とど》まる人もいるわけですね。

このへんの微妙《びみょう》な違いのところに、その人の魂の修行《しゅぎょう》として、何かがあるのです。やはり、単に流されてしまった人に対しては、言い訳がきかない部分があるわけですよ。

松本清張　わしも、その選択のところでな、「我慢《がまん》する」っていう考えは分かるんだけどさあ、我慢したら、結局、その人は、苦しみのなかでしか終わらんだろう？

　俺の小説がさあ、やっぱり世間の共感を呼ぶのは、みんな、こう思っとるからだよ。この世間《せけん》は……。

大川隆法　あなたは、お金持ちになったんですよ。お金持ちの大作家というのは、ある意味で、貴族です。あなたは、貴族になったのですから、いいかげんに、その恨み心を捨ててもよいのではありませんか。

松本清張　うう～ん……。

大川隆法　誰もがうらやむような立場に、あなたは立ったんですよ。

松本清張　ああ、俺も「大作家先生」って言われてるからなあ。

大川隆法　そうなんですよ。学歴なんて、くだらないものです。一流大学といっても、毎年、何万人もの人が卒業しています。「万の単位もいる」ということは、一流大学の卒業生も、はっきり言って、平凡人《へいぼんじん》だということですよ。

　天才なんか一人もいません。一流大学というのは、どこもサラリーマンの養成所なんです。
それよりも、あなたのように、「一人で立って、有名になり、大金持ちになり、文《ぶん》壇《だん》のリーダーになった」というのは、すごいことではないですか。

松本清張　うーん。

大川隆法　だから、もう成仏していいですよ。いつまでも、恨みに思うのはやめましょう。

「清張文学」は本当の救いにつながるのか

松本清張　怨嗟《えんさ》の声が聞こえてくるんだよ。

大川隆法　怨嗟の声ねえ。うーん。

松本清張　この俺を求める苦しみの声がだなあ。男に裏切られた女性の、殺してやりたいぐらいの情念とかなあ、俺には聞こえてくるんだよ。

大川隆法　（苦笑）女性の「殺したい」という声が……。

松本清張　「焼き殺したい」とかなあ。

大川隆法　（金澤に）いかがですか。

金澤　確かに、松本先生の本があれだけベストセラーになったのは、松本先生の作品を読んで、胸がすくというか、「自分のやりたかったこと（殺人）を、主人公が代わりにやってくれた」と思う人が多いからだとは思います。

松本清張　スッキリするだろうが。あれで心が救われる人が大勢いるんだよ。

金澤　ただ、それで、本当の救いになると思われますか。一度、スッキリしたとしても、根本的に解決したわけではないので、また、恨みや、「殺してやりたい」という気持ちが出てきますよ。結局、いつまでも、そういう思いが、ぐるぐるぐるぐると回って、心がすごく波立ち、苦しいと思うんですけれどもね。

松本清張　いや、これがな、生きる活力になるんだよ。

金澤　本当の救いは、殺人事件の小説などを読んでスカッとすることではなく、恨みや恐怖心などの暗い気持ちを手放していくところにあると思うのですが、いかがでしょうか。

松本清張　「暗い気持ちを手放す」って言ったって、人間はさあ、食べ物を食べて排《はい》泄《せつ》するのと同じでな、食べ物を食べりゃ、欲望が出てくるんだよ。だから、「これを消す」ったって、それは消えんさあ。もう〝蒸気機関車〟だよ。

金澤　確かに、なかなか完全には消せないと思いますが、雑草《ざっそう》を刈《か》るのと同じように、暗い気持ちが出てきたら、「あ、いけない」と思って、そういう気持ちを捨てていく努力が大切ではないでしょうか。

松本清張　みんな、ほんとは、殺してやりたい人がいるんだよ。例えば、「自分より早く出世したあいつを殺したい」と思ってる人は、俺の小説を読んで、スッキリするわけだ。みんな、妄想《もうそう》のなかでなあ、そのむかつくやつを殺しとるんだよ。これこそ、すべての人が悪人である証拠じゃないか。

大川隆法　ああ、カタルシス（精神の浄化《じょうか》）というか、それで救済をしているつもりなんですね。

松本清張　俺の小説によって、どれだけの人が、本来の〝悪の仏性《ぶっしょう》〟に気づいてると思う？　やってることは（幸福の科学と）同じじゃないか。

矢内　私は、以前、朝日新聞の記者として、松本先生が題材にされたような殺人事件も取材したことがあります。

松本清張　おまえもエリートの仲間か。

矢内　いやいや。「弱者を何とか救いたい」と思って、新聞記者をしていました。

松本清張　おまえは、弱者を踏み潰《つぶ》すほうだろう？

矢内　とんでもないです。

それで、殺人事件を何度も取材して、殺人の犯人とも、逮捕《たいほ》される前に……。

松本清張　ほう、それはいいじゃないか。

矢内　「特ダネを取ろう」と思って、接触《せっしょく》したこともありました。

松本清張　うーん。

矢内　そういう経験を通して感じるのは、殺人事件も、その他のいろいろな事件も、本当に些細《ささい》な出来事や動機から……。

松本清張　そうなんだよ。

矢内　実は、意外と、どこにでも転がっているようなことによって、例えば、お小遣《こづか》いが足りないとか、相続がどうのこうのとか、親子の問題とか、近所の問題とか……。

松本清張　そうそう、そうそう。そうなんだよ。些細なもんなんだよ。

矢内　本当に、誰もが経験するようなことなのですが、ただ、残念なことに、一部の人だけは、犯罪を起こしてしまう。つまり、たいていの人は、同じようなことを経験しても、犯罪を犯さずに生きていけるわけです。ここの違いについては、お分かりになりますか。

松本清張　あのな、違うんだよ。みんな、犯罪の一歩手前まで来とるんだよ。ほんとに一歩手前なんだよ。あと一歩なんだよ。俺は、その一歩を歩かせないために、「歩いたらどうなるか」を書いているんだ。いやあ、だから、俺は現代のシェークスピアだな。

その一歩を歩いた人間は、みんな、不幸になっとるだろ？　殺人を犯した人間は、〝善意〟で動く。だけど、その〝善意〟が、結局、自分にはね返ってくるんだよ。それで、その人も不幸になって、最後は自殺したり死んだりするわけだ。

みんな、〝善意〟を持って行動するんだが、結局は不幸になる。つまり、人間は悪なんだよ。これを知ることが大事なんだよ。

矢内　それは、「環境が悪いから、不幸のほうへ流されるのはしかたがない」という考えだと思うのですが、ただ、世の中には、同じような環境にあっても、それをバネにして努力し、犯罪を犯すことなく、逆に幸福になっていく人も大勢います。私は、そういう人もたくさん見てきました。

松本清張　そうだよ。いるよ。俺の小説を読んで、みんな、そうなっていくんだよ。それが俺の救済力だ。俺の思想によって、救われとるわけだからな。

矢内　うーん……。ガス抜きというのはあると思いますが。

松本清張　ガス抜きだあ？

矢内　ただ、犯罪を犯さない方には、意外と、心の教えを知っていたり、学んだりしている方が多いですね。例えば、「人を殺してはいけない」とか、「人に優《やさ》しくしなければいけない」とか、そういった宗教の教えを学んでいる人は、同じような環境にあっても、犯罪を犯さずに済むのです。

松本清張　そうだよな。それが大事なのは、俺も分かっとるんだよ。仏教の五戒《ごかい》だろう？　わしも知っとるよ。大量の本を読んでるんだからな。ただ、人間っていうのはな、そういう教えがあるけれども、何て言うの？　学校で言えばさあ、教師がいて、「こうしましょう」って、道徳ルールを決めるだろう？　だけど、どうしても、何人か、犯罪を犯しちゃうだろう？　世の中っつうものは、そういうもんだ。

人間っていうのは、どっかに必ずひずみが起きるんだよ。わしは、そこをちゃんと見てるわけだ。おまえさんがたは、それを直視しないから、わしは「いかん」って言ってるんだよ。

わしは直視した上で、社会の「転ばぬ先の杖《つえ》」としてだなあ、小説を通じて、それを教えとるわけだ。人間っていうのは、みんな善人に見えるけれども、あることが起きると欲望が倍加して、殺人を犯してしまうことがある。美人で健気《けなげ》な人が、過去、非常に不幸な出来事があって、これを隠したいために、殺人を犯す。こんなことが現実にあるわけだ。

若いころ、女性に深く傷つけられた経験がある？

大川隆法　私から見ると、「そんな殺人事件ばかり、よく書けるなあ。殺人現場など、気持ち悪いものをよく書けるなあ」と感心するところはあるのですが、もしかすると、あなたには、個人的な感情や事情を一般化《いっぱん》し、それをルールのように見せようとして、書いているところもあるのではないですか。誤解であれば、許していただきたいのですが。

松本清張　うーん。

大川隆法　個人的に、そういう動機が何かあるのではないですか。恨みのようなものを……。

松本清張　そりゃ、あるさあ。わしの人生は、最初、もう失敗の連続で、虐げられ苦しめられてきた連続だったたからなあ。

大川隆法　私は、先ほど、失礼にも、「アンコウのような顔をしている」と言ってしまいましたけれども……。

松本清張　ほんとだよ。ボコボコに殴《なぐ》られてるんだよ。

大川隆法　女性に関して、そうとう何か（笑）、問題がおありだったのではありませんか。

松本清張　女性っつうのは……。

大川隆法　「美人を殺してみたい」とか、そういう欲望はありませんでしたか。

松本清張　ああ、焼き殺してやりたいなあ。

大川隆法　（苦笑）

松本清張　美男美女っていうのも、あれなんだ。美男美女っていうのが、世間では、ちやほやされとるだろうがあ。あれ、許せんのだよ。その下で、どれだけ、不細工《ぶさいく》な男と不細工な女が苦しんどるか、分かっとらんのだよ。

武田　それは、松本先生の個人的な体験から来るものですか。

松本清張　ええ？　それはプライバシーだよ。

金澤　たいへん失礼ながら、お訊《き》きしますが、女性にひどく振《ふ》られたとか、お見合いに失敗したとか、そういうご経験があるのでしょうか。

松本清張　（舌打ち）ううーん。

大川隆法　ストーカー行為《こうい》をして、相手の女性を殺したくなるほど、嫌われたとか？

松本清張　女性っていうのはなあ、自分じゃ、傷つけてないつもりでもな、男性を傷つけてるんだよ。

大川隆法　うーん、それは分かる。それは、よく分かる。

松本清張　特に、俺みたいなタイプの人間を軽蔑《けいべつ》の目で見るだろうが。

大川隆法　しかし、大作家になってからは、女性のファンもできて、尊敬されたでしょう？

松本清張　そう、大作家になってからは、かしずいてくる女がわんさかいたなあ。

大川隆法　それで十分ではないですか。

松本清張　ああ……。

矢内　大作家になられてからは、女性を許す心境になられてもよかったと思うんですけれどもね。

松本清張　許しとるよ。許しとるけど、わしは、あのなあ……。

おまえ、分かっとらんなあ。小説家っていうのは、ネタ切れがいちばん怖《こわ》いんだよ。せっかくの貴重な体験じゃないか。「憎《にく》しみ」「苦しみ」「恨み」っつうものを忘れちゃ駄目なんだよ。これをもとに書かなきゃ。

大川隆法　いや、それがすごいと思うんですよ。あれだけ本を書いて、あれだけ印税が入り、高額納税者になり、いわゆる長者番付にも載《の》って、社会から尊敬されるようになった段階でも、ハングリー精神が消えなかったというところには、私も、ある意味で、尊敬の念を禁じえないのです。

松本清張　わしは、過去の記憶《きおく》を、ずーっと妄想してだなあ。

大川隆法　（苦笑）（会場笑）

松本清張　例えば、最近、新聞記事で、「女性が、男性への恨みから、心中《しんじゅう》した。すなわち、男性を殺して自分も死んだ。それも体にガソリンをかけて」というのを見たとする。そうすると、何だか、わしの昔の体験が甦《よみがえ》ってくるんだ。

それと重ね合わせて文にするから、生々《なまなま》しく書けるわけだよ。男性に恨みを持ってる女性なんか、もう何万といるから、これが、その人たちの心に響《ひび》くんだわあ。

「許す」か「恨《うら》み続ける」かが天国・地獄《じごく》の分かれ目

渡邊　私の場合、松本先生の小説を読み終わったあと、心のなかが、ずっと、重たいままというか、悲しみが続くんですよね。

松本清張　うん、うーん。

渡邊　松本先生には、「許し」という感情はないのでしょうか。あるいは、「人を許して、心が軽くなった」という経験はないのでしょうか。

松本清張　「許し」ってのは危ないんだよ。

渡邊　なぜでしょう。

松本清張　許したとたんに、殺されるんだよ。

渡邊　いや、それは違うと思います（苦笑）。

大川隆法　ううん、ひょっとすると……。

金澤　基本的に、人間不信でいらっしゃいますか。人間を信じられないですか。

松本清張　なんだ、わしを折檻《せっかん》しに来たのか。

金澤　いや、そんなことはありません。

松本清張　ずうずうしいなあ。

金澤　ご両親はどうでしたか。ご両親のことはお好きでしたか。産んでくださった、お母さまとか。

松本清張　うふふーん。

大川隆法　あまり幸福な結婚《けっこん》ではなかったのだろうと思いますけれども……。

松本清張　うーん……。両親なあ（舌打ち）。

金澤　いろいろな親はいますが、親というのは、基本的に、無償《むしょう》の愛で、子供のことを愛するじゃないですか。

松本清張　親はなあ、子供を利用するんだよ。

金澤　親にも〝裏〟があるわけですか。

松本清張　うーん……。

金澤　松本先生は、親御《おやご》さんから、どのように利用されたのですか。

松本清張　いや、俺は利用されたわけじゃないけどな。

ただ、親っつうものはな、普通《ふつう》は、子供を「自分の財産」と思っとるんだよ。つまり、「自分の役に立つかどうか」という基準で見とるわけだ。

金澤　松本先生のご両親も、そんな感じで見ていらっしゃったのですか。

松本清張　ううーん、両親のことは、あまり覚えとらんなあ。

大川隆法　少なくとも、あなたのために、もっと恵まれた環境をつくることには成功しなかったのは事実でしょうね。しかし、当時は、今と違って、恵まれない人は、けっこう多かっただろうと思うんですよ。

松本清張　そりゃ、そうだな。

大川隆法　今は恵まれすぎていて、自由に勉強できる時代になりましたが、今度は、勉強漬《づ》けとか塾《じゅく》漬けとかで苦しみ、心がすさんだり、自殺したりするなど、社会が荒《あ》れているような状況です。昔とは少し違う時代になっているわけです。お金は余っているんですけどね。

うーん。そうですねえ、もう一つ、釈然《しゃくぜん》としないものがありますねえ。最近、私は、アメリカのスティーブ・ジョブズの霊言を録《と》りました（二〇一二年一月十一日収録）。アップルコンピュータという会社をつくった人ですが、彼の生《お》い立ちは、あまり恵まれていないのです。

彼の父親は、シリアからアメリカに留学か何かで来た人です。おそらく、イスラム教徒でしょう。そして、知り合ったアメリカ人女性と結婚しようとするのですが、相手の親が結婚を認めなかったため、生まれてすぐ、彼は養子に出されてしまうのです。

そのように、彼の生い立ちは、「他人に育てられる」という不幸なものでしたが、このことは、彼の成功とは関係がなかったでしょうね。彼は、養子に出された家のガレージから、コンピュータ会社を起こしています。また、あなたに負けず劣《おと》らず、彼は、十三歳《さい》のときから、機械づくりを始めています。

要するに、恵まれない環境はいろいろとあるわけですが、そのなかで、どういう人生を歩むかは、やはり、人それぞれなのです。

松本清張　ま、親への恨《うら》み心っつうのは、生きる原動力になるんですよ。

大川隆法　劣等感やコンプレックスが、社会的活力とか、やる気とか、「何かを克服《こくふく》しよう」という努力とかの原動力になることは事実だと私も思います。

その意味では大事ですが、どこかで克服しなければいけない面もあると思うんですよね。確かに、完璧《かんぺき》な人間はいないし、完全な人生もつくりようがありません。

ただ、「劣等感やコンプレックスを克服して、成仏できたか。あるいは、成仏できずに、相変わらず恨み続けたか」というところに、天国に還《かえ》るか、地獄《じごく》に堕ちるかの分かれ目があるのだろうと思います。

あなたは、あれだけの成功をしたのですから、もう、そういうものは超《こ》えなければいけないのではないでしょうか。

この世の「地獄《じごく》的なニーズ」に当たって人気が出た松本清張

大川隆法　それとも、題材が、あくまでも、そういう悪を……。

松本清張　そうなんだよ。それを忘れたら、わしの筆が止まってしまうんだよ。

大川隆法　それは、そうかもしれません。

松本清張　わしは、筆が止まるのがいちばん怖いんだよ。

大川隆法　天国的なものは書けないわけですね。

松本清張　筆を止めないためには、苦しみや恨みつらみを忘れてはいかんのだよ。

大川隆法　つまり、この世が悪に満ち、悪人に満ちて、地獄《じごく》的であるからこそ、人気が出たわけですか。人気の原動力は、あなたの作品に感情移入できる人が多かったところにあるわけですか。

松本清張　みんな、心のなかに、恨みつらみを持っとるわけだ。

　例えば、子供は、「親に虐げられた」という思いを持っとる。親は親で、子供が反抗して手がつけられないと、「なんで、こんな子に育ってしまったんだろう」と、人のせいにしたくなる。また、社会には、出世競争に敗れた者のつらさが、もう、たくさんある。わしは、それを取材して、肌《はだ》で感じて、書くわけですよ。

　これが書けなくなってしまったら、そういったものに共感する者《もん》がいなくなってしまうでなあ。だから、わしは、ここのところに、すべてを使っとるわけだあ。

大川隆法　エジソンだって小学校一年生で中退していますから、あなたよりも学歴は低いわけですが、あれだけの発明をして偉くなり、成仏しています。なぜ、あなたがエジソンのようにならなかったのか、不思議に思えてしかたがありません。

　基本的に題材の問題なのでしょうかねえ。関心を持った題材が悪や犯罪ばかりだったため、波長同通の法則によって、頭のなかが、いつも、そういうもので満ち満ちていたのではありませんか。それが、やはり、問題なのでしょうかねえ。

松本清張　もちろん、「殺人犯が最後に改心する」っていうのは、わしも大事だと思う。ストーリーとしては大事だ。ただ、改心するのは、百あったら、最後の二つぐらいだ。ストーリーの展開で十分なんだ。

大川隆法　改心するストーリーは、なかなか書けないわけですね。

松本清張　残りの九十八は、「いかに、殺人犯が心の葛藤《かっとう》をしながら、トリックを使って殺してきたか」っていうものを書かないとあかん。そうしないと、世間の人はな、もう、離《はな》れちゃうんだよ。

最後の、ちょっとだけいいところは、料理の塩味《しおみ》みたいなもんで、ちょっとだけあればいいんだ。

大川隆法　改心するところまで書いたら、トルストイのようになるわけですね。

松本清張　そうなんだ。

金澤　たいへん失礼な言い方かもしれませんが、松本先生は、要するに、世間の人たちの地獄的なニーズに、見事、当たったような気がします。殺人事件という題材を追いかけて、取材もいろいろとされて、本当に一生懸命《いっしょうけんめい》、書かれたと思います。

ただ、ある一定の段階で、イノベーションといいますか、「違う作風にしよう」「もっと人をハッピーにする題材に変えよう」とは思われなかったのでしょうか。

松本清張　あのなあ、そういうのが、虚飾《きょしょく》っつうんだよ。世の中、そんなにハッピーにはできとらんだろうが。ハッピーに生きた人間は、どれだけ虐げられとるんだよ。

金澤　ご自分の筆で、世の中をハッピーにしようとは思わなかったのですか。

松本清張　いや、俺は、弱い人たちを幸せにするためにだなあ、逆に筆の力で、「転ばぬ先の杖」を示したと教えただろう？

金澤　確かに、「このようになってはいけない」という意味では、勉強になる面もあるんですけれども、もう一歩、進んで、本当の意味での成仏感というか、幸福感を求めようとはされなかったのですか。

松本清張　あのなあ、そういうことは、学校の教科書で教えとりゃええんだよ。そんなの聞いたってな、誰も分からんのだ。おまえたちの本を、どれだけの人が読んでるんだよ。それと同じだよ。

大川隆法　ある意味では、あなたの本のほうが売れているかもしれませんねえ。

松本清張　圧倒《あっとう》的善意で書かれた、「こうすれば幸せですよ」っていう本が……。

大川隆法　あなたの本の場合、映画にもしてくれるし、テレビドラマにもしてくれます。しかし、当会の本は、自前でつくらないかぎり、映画にもなりませんし、テレビドラマにもなりません。

松本清張　そうなんだよ。

大川隆法　それに、信者か、シンパでないと、なかなか買ってくださいませんし、あなたの本のように、一般の人がどんどん買ってくれることもないわけです。

私たちから見ると、本当に被害《ひがい》妄想になりたくなるぐらい、不思議な世の中です。

松本清張　なぜか？　人間の心には悪があるからだ。そこが、わしの小説に引っ掛《か》かるんだよ。

おまえさんたちの本は、善意で舗装《ほそう》されてるから、みんな、ただ見てるだけなんだよ。世間の人の心に引っ掛からんのだよ。

大川隆法　欲望の書き方が足りないのでしょうかねえ（笑）。

松本清張　わしが指導してやってもいいぞ、小説を誰か書く場合は。

大川隆法　なるほど、それもありえますねえ（苦笑）。

松本清張　わしであれば、「幸福の科学は、いかにひどいか」っていうのを、内面から書いてやるよ。

社会悪が暴《あば》かれれば、自然と人は幸福になるのか

金澤　先ほど、「生前、仏教の本もいろいろと読んで勉強した」とおっしゃられていましたが、お釈迦《しゃか》様が、六大煩悩《ろくだいぼんのう》を去るという教えを説かれていたことや、アングリマーラの説話などは、ご存じでしょうか。

アングリマーラは、千人近い人を殺したと言われる殺人鬼《さつじんき》ですが、お釈迦様に帰依《きえ》をして、深く反省し、結局、救われます。そういうお話については、どう思われますか。「お釈迦様は悪人だ」と思っているのでしょうか。

松本清張　いやあ、いいんじゃないか。アングリマーラって、いっぱい人を殺したんだろう？　それは動機があったわけだ。権力欲があったんだろうが。

だから、わしの小説は、アングリマーラと同じじゃないか。何が違うんだ。

渡邊　最後に、悟《さと》るところ、許すところが違います。

松本清張　わしの小説だって、最後に悟っとるだろうがあ。友人の愛や親子の愛に目覚めたけれども、犯した罪の重さから自殺していく。それの何が違うんだ。

大川隆法　まあ、「悪人が成功して終わり」という作品もあったかもしれませんけれどもねえ。

松本清張　同じじゃないか。わしは、仏教の真髄《しんずい》をつかんでおるよなあ。

矢内　先ほど、「改心するのは、百あるうちの、一つか二つだ」とおっしゃっていましたが、松本先生は、ある意味で、大成功をされたわけですし、今は、あの世にいらっしゃって……。

松本清張　今、あの世でも忙《いそが》しいんだよ。

矢内　ええ。霊界にいらっしゃるので、ぜひ、人間が改心していくところを……。

松本清張　あのな、あの世で、もう忙しいんだよ。

大川隆法　（苦笑）忙しい？

松本清張　「どうやって人が堕《お》ちるか」っていうのを、一生懸命、考えとるわけだあ。おまえさん、わしはあの世で忙しいんだよ。「人がどうやったらハッピーになるか」っつうことなんか、考えておれんのだよ。

矢内　そうですか。松本先生は、人間の苦しむ姿を描いておられたと思いますが、動機として、「読者を幸福にしよう」という思いはお持ちでなかったのでしょうか。

松本清張　だからな、君たち、社会悪が暴《あば》かれれば、自然と人は幸福になるんだ。自分と同じ共感を得られれば、幸福なんだよ。

矢内　うーん。しかし……。

松本清張　で、わしは、今、「どんな社会悪があるか」っていうのを、また構想しとるわけだ。仲間と一緒になあ。

矢内　やはり、現実に苦しんでいる人がおられるわけなので、「そういう人たちを幸福にしよう」という気持ちをお持ちになっても、よろしいのではないでしょうか。

松本清張　だからな、闇が深ければ深いほど、そう簡単には幸福にならんのだよ。おまえさんがたは、ちょっと穴を掘《ほ》って、「はい、幸福になりました」と思っとるだろう。しかし、人間っつうものはな、もっと奥底《おくそこ》に泥水《どろみず》がたくさんあるんだ。そこを見れば見るほど、人間っていうのは、もう、ほんと、ドロドロのドロドロなんだよ。

特定の信仰《しんこう》を持っていない松本清張

渡邊　そのドロドロのドロドロを支えている、仏や神の存在は感じませんか。清張先生が、今、亡くなられても、まだ、そのように存在できるのは……。

松本清張　いたら、目の前に出てきてほしいわなあ。

大川隆法　まだ聖なるものには触《ふ》れていない感じですね。生前も、そして、おそらく死後も、そうでしょう。

渡邊　神とか、仏とか、信仰《しんこう》とか……。

松本清張　見せてくれよ。わしの目の前には、そんなやつはいねえよ。

村上　仏や神の存在自体が信じられないのですか。

松本清張　いや、いるとは思うよ。いるとは思うけど、神様は、たぶん、人間を苦しめるなかで、何かを見出《みいだ》そうとされているんじゃないのか。

村上　例えば、具体的に、信仰している神様はいますか。あるいは、とても尊敬している人というと、どなたになるのでしょうか。

松本清張　別に、わしは、特定の人への信仰は持っとらんよ。

9　尊敬する作家は誰《だれ》か

大川隆法　すでに亡《な》くなっている作家であれば、芥川龍之介《あくたがわりゅうのすけ》や菊池寛《きくちかん》がいますけれども。

松本清張　ああ、芥川先生は、とっても素晴《すば》らしい大作家ですけど。

金澤　芥川先生とは、日ごろ、交流をされていますか。

松本清張　うん。たまーに会うなあ。

金澤　たまに会う？

松本清張　着想のヒントを頂いてる感じはするなあ。

金澤　教えていただいているわけですか。

松本清張　ううーん……。
金澤　先輩《せんぱい》の作家というか、先生役として、芥川先生から学んでいるのですか。
松本清張　まあ、芥川先生からは学ぶよなあ。
金澤　では、お近くに住んでいらっしゃるわけですか。
松本清張　住んでいるかどうかまでは知らんけど……。
金澤　ご自身が訪ねていかれるのですか。向こうから来てくださるのですか。
松本清張　ん？　なんか知らんけど、たまーに会うんだよ（注。近著『芥川龍之介が語る「文藝春秋《ぶんげいしゅんじゅう》」論評』〔幸福の科学出版刊〕には、芥川龍之介霊《れい》から見た、現在の松本清張の様子が語られている）。
大川隆法　太宰治《だざいおさむ》は、どうですか。お会いになることはありますか。
松本清張　まあ、太宰は……、いるなあ。いるけど、あんまり会わんなあ。なんで会わないんだ？　太宰もいると聞いてるけど、普段《ふだん》、話はしないなあ。
大川隆法　貧乏《びんぼう》で苦しみながら宗教的な境地に入った人として、宮沢賢治《みやざわけんじ》がいますが、こういう人は嫌《きら》いですか。
松本清張　ああ、宮沢賢治は……。あの、へんてこな能天気な小説が、私は嫌いなんだよ。能天気にもほどがあるよな。なんで、あんなのが売れるんだよ。子供の童話で十分じゃないか。
矢内　朝日新聞絡《がら》みでは、石川啄木《いしかわたくぼく》はどうでしょうか。
大川隆法　もしかしたら、心境が似ているのではないですか。
松本清張　うーん、啄木さんも心境が似てるし、まあ、あの人には共感できるよ。あの人も不幸を背負ってますからねえ。
矢内　石川啄木には、松本先生より、明るめというか、前向きというか、そういう部分もあると思いますが、どうでしょうか。そうでもないですか。

松本清張　分からんな。どうだろうなあ。

村上　小林多喜二《こばやしたきじ》はどうですか。

松本清張　小林多喜二は、あんまり関係ねえんじゃねえか。

大川隆法　幸田露伴《こうだろはん》は、やはり嫌いなタイプですか。

松本清張　うん。あれは駄目《だめ》だな。夏目漱石《なつめそうせき》も含め、ああいうのは駄目だ。

大川隆法　駄目ですか。あなたから見ると、ああいう人たちは、少し、神がかってきているわけですね。

松本清張　何と言うかなあ。やっぱり、人の洞察《どうさつ》において、ひねりが足りん。ほんとに、お気楽なんだよ。

10　地獄《じごく》界での活動と転生《てんしょう》の記憶《きおく》

地獄《じごく》の最新情報を持ってくる「取材班」がいる

金澤　先ほど、「生前、苦しんでいる人をたくさん取材してきた」とおっしゃっていましたが、今、そちらの世界でも、いろいろと取材されているのでしょうか。例えば、地獄《じごく》には、血の池地獄とか、土中《どちゅう》地獄とか、いろいろな世界があると言われていますが、そういう所にも行って、取材をなさっていますか。

松本清張　うん。わしにも取材班がおるんでなあ。

金澤　取材班!?　自分では行かないのでしょうか。

大川隆法　なるほど、〝弟子《でし》〟がいるんですね。

松本清張　取材班が情報を持ってくるんだよ。わしは、もう、大先生であるからしてなあ。

大川隆法　私は、以前、「地獄界でも、新聞が出たり、本が出たりすることがある」と聞いたことがあるのですが、そういうことは実際にありますか。

松本清張　本は出るだろうなあ。

大川隆法　地獄ニュースというものもあって、「最近、こんな有名な人が地獄に堕《お》ちてきました」とか、最新情報も流されると聞いたのですが。

松本清張　しかるべき人には、情報が届くようになってるよなあ。

渡邊　松本先生は、そういうものを執筆《しっぴつ》されたりはしないのですか。

松本清張　わしは、小説家、ストーリーテラーであるからして、そんな時事性があるものは書かないよ。まあ、専門の者がおるんだろう。

金澤　新聞には連載《れんさい》小説も載《の》っていますよね。そういうものはお書きにならないのでしょうか。

松本清張　新聞の小説っつうのは、この世の話だ。

わしは、とにかく、あの世で、人間の心理というものを研究しとるわけだ。

創価学会《そうかがっかい》二代目会長が堕《お》ちたときには自ら取材に行った

金澤　確認いたしますが、いろいろな地獄に行って、人の心の闇《やみ》を取材してくるのは、ご自身ではなくて、〝お弟子〟さんであるわけですか。

松本清張　まあ、そりゃあ、大物になれば、わしが行くこともあるよ。

金澤　例えば、いつ、どこへ行かれたのでしょうか。

松本清張　ええ？　そりゃ、創価学会《そうかがっかい》の堕《お》ちたやつを取材に行ったこともあるなあ。

金澤　教祖の方ですか。

松本清張　ううん……。

渡邊　二代目の会長ですか。

松本清張　確か、戸田《とだ》と言ったかなあ。

金澤　どんな感じでしたか。そのときの様子を教えていただけますか。

松本清張　ええ？　いや、もう面白《おもしろ》いじゃないか。あれだけ権力を誇《ほこ》った人間が、あのように苦しむ姿には、やっぱり、こう、一種、爽快《そうかい》なものがあるわなあ。ストーリーとしては、最高に面白いじゃないか。

金澤　そういうところに、ご自身の快楽というか、快感を覚えつつ、執筆をされているわけですか。

松本清張　うーん、あるなあ。人間は、やっぱり権力に支配されるんだよ。ハッハッハッハ。

殺人事件への関心は「過去世《かこぜ》からのカルマ」なのか

大川隆法　あれだけ殺人事件に関心が出るということ自体に、やはり、何かがあるのかもしれません。この人自身のカルマ（業《ごう》）として、何か、お持ちのものがあったのではないでしょうか。

武田　生きていらしたときに、よく、あれだけ、殺人のことを考えることができましたね？

松本清張　日常生活で考えとったからなあ。

武田　そうですよね。殺し方とか、凶器《きょうき》を分からないようにする方法とか、トリックとか、ずっと考えていらっしゃったわけですね。

松本清張　わしの推理小説を読んだ現場の刑事《けいじ》が、「トリックが解けん」と言ってたからなあ。もし、わしが、ほんとに犯罪者になっていたら、たぶん、迷宮入りするだろう。

金澤　パーニャパラミタ（般若波羅蜜多《はんにゃはらみた》）という言葉があるのですけれども。

松本清張　ん？　パーニャ何とか？　ええ？

金澤　パーニャパラミタです。人間は、過去世《かこぜ》からの、いろいろな智慧《ちえ》を持って転生《てんしょう》してきているわけですが、その智慧が湧出《ゆうしゅつ》してくることを言います。

松本先生は、犯罪や殺人にすごく詳《くわ》しいので、過去世でも、そういう関係のお仕事をされていたのでしょうか。あるいは、「人を殺したい」という気持ちが出てくるのは、ご生前の生《お》い立ちに原点があるのでしょうか。それとも、過去世の人生から引きずっているものなのでしょうか。

このあたりについて、自己分析《ぶんせき》はできますか。

松本清張　ま、「人を殺したい」っつうか……。まあ、人を殺したいんだろうなあ。

金澤　殺したい⁉

大川隆法　まあ、しかし、あなたは、お金を儲《もう》けるのがうまかったですよねえ。

ただ、創作欲は大したものでしたが、確かに、具体的な事件だけを題材にして、書いていたわけではないですよね。

あなたの場合、どうも英語は読めなかったようですが、英語が読める大学生や大学院生をアルバイトで雇《やと》い、ペーパーバックで出た欧米《おうべい》の推理小説のうち、まだ翻訳《ほんやく》されていないものを読ませ、そのあらすじを十ページや二十ページぐらいで書かせていたようですね。そういうものを読んで、換骨奪胎《かんこつだったい》し、舞台《ぶたい》を日本に移せば、全然、違《ちが》う物語が書けるんですよね。

例えば、アメリカのテキサスで起きた殺人事件を、日本の温泉宿で起きた事件にすり替《か》えると、まったく違う話に変わるわけです。

「そういうことをしていた」ということと、やはり、「口述筆記が多かった」ということで、本を多数書けたのだろうと思います。

松本清張　途中《とちゅう》で手が動かなくなったんだよなあ。

大川隆法　このへんには、「創作の技術」として、学ぶべきものがそうとうあるとは思うんですけれどもね。

松本清張　なぜか、発想が湧《わ》いてくるんだよ。あと、苦しむ人の声がな、わしのペンに乗り移ってくるんだよ。だから、わしは神なのかもしれんなあ。

マスコミに「神」はいない？

大川隆法　確かに、話を聞いていると、この人のなかには、「現代のマスコミが持っている源流的な問題点」というか、「マスコミ自体がいまだに悟《さと》っていない部分と同じもの」がありますよね。

これが、どこから始まったのかが、よく分からないのです。

ずっと霊界探究《れいかいたんきゅう》をしていても、マスコミの神はいったい何なのか、いまだに私にも分からないんですよ。根源神《こんげんしん》のような存在がいないわけです。

武田　松本先生、マスコミの神については、どう思われますか。

松本清張　マスコミってのは、神を否定しとるんだよ。

大川隆法　否定しているのか。ああ、そうか。

松本清張　だから、神なんてものは、おらんのだよ。

大川隆法　マスコミの神はいないのですか。

松本清張　マスコミの各場所には、それぞれを支配する権力者がいるんだ。その者たちが、戦国時代のように、群雄割拠《ぐんゆうかっきょ》して争っとるわけだ。

大川隆法　マスコミは、基本的には言論のテロリストなのですか。

松本清張　そうだよ。そういう情報が、毎日、わしのもとに新聞として来るわけだ。

大川隆法　確かに、国家権力がものすごく強くて、個人で戦えないときには、マスコミも正義だったかもしれません。しかし、今は、力が逆転してきていますからね。つまり、政治家よりも、マスコミのほうがメジャー化して、強くなっているわけです。

松本清張　この世の者たちの欲望と、あの世の者たちの欲望が、〝交響曲《こうきょうきょく》〟を奏《かな》でとるんだろう。そんな決まりきった〝わだち〟は、宗教にもあるだろうが。

大川隆法　週刊誌は、そうかもしれません。欲望と悪のところに一切触《いっさいふ》れなかったら、確かに、週刊誌は書けないでしょうね。

松本清張　そりゃそうだよ。つまらない雑誌と一緒《いっしょ》になってしまうからなあ。

渡邊　週刊誌は、「色、金、権力」で成り立っているわけですか。

大川隆法　あなたの考えでいくと、「アー・ユー・ハッピー?」（幸福の科学出版刊）のような雑誌は、「売るのが大変」というか、「売れない」というわけですね。

松本清張　「アー・ユー・ハッピー?」っていう雑誌も知ってるよ。あれが売れる秘訣《ひけつ》は、もっとスキャンダルを追うことだよ。

大川隆法　「きれいなことを書いたって、売れりゃしない」というわけですね。

松本清張　うん、そうだよ。「アー・ユー・ハッピー?」が総裁のスキャンダルを載せてみろ。倍、売れるぞ。とにかくスキャンダルを追え！

大川隆法　確かに、編集長がハレンチ事件を起こして路上で捕《つか》まったりすると、売れるかもしれないですね（笑）。

松本清張　その程度じゃ足りんな。もう一《ひと》ひねり要《い》るがなあ。

大川隆法　教団のなかから、殺人犯が出てきたりしたら、売れると思いますか。

松本清張　ううーん。

毛沢東《もうたくとう》とは地獄《じごく》で会ったことがある

金澤　一つ質問があります。

あなたが、そちらの世界でお付き合いをされているのは、だいたい、筆を持って仕事をしている方ばかりだと思うのですが、先ほども、「地獄《じごく》に取材に行く人がいる」というお話でした。あなたも、あの世の存在や、さまざまな霊存在がいることを認識されているようなので、お訊《き》きしたいのですが、あなたは「悪魔《あくま》」という存在に会ったことがありますか。

大川隆法　これは厳しいなあ。でも、知りたいですね。
金澤「一緒に話をした」とか、「お茶を飲んだ」とか（会場笑）。
大川隆法　生前、すでに、もしかしたら、悪魔から何か指導ぐらいはあった可能性もないとは言えません。あなたが生きていたときに、あれだけ活動できたのは、誰《だれ》かが霊的な指導をしていたからではありませんか。どうなのでしょうか。
金澤　あなたにインスピレーションを与《あた》えてくださった方がいたと思うのですが。
大川隆法　縁《えん》の深い先生のような存在が、そちらの世界にもいるのではないですか。
松本清張　今は、わしの部屋に書斎《しょさい》があるんでなあ。まあ、書斎に訪ねてくる者がいることはいるわなあ。
大川隆法　言論界だと、どういう人がいますか。
矢内　それは誰ですか。具体的に名前を挙げられますか。

松本清張　うーん。

大川隆法　「言論で戦う悪魔」というのも、なかなかいないかもしれません。しかし、あの時代は、共産主義が流行《はや》った時代でもありますからね。

もしかしたら、〝偉《えら》い人〟ではありますが、レーニンやスターリン、毛沢東《もうたくとう》など、そのような人たちに会ったことはありますか。

松本清張　毛沢東には会ったなあ。毛沢東は知っとるなあ。あれは、もう、立派なもんだわあ。ううーん。

あれ？　なんで、毛沢東と会ってるんだ？　どこで会ったんだろうなあ。

大川隆法　あちらのほうは、文学としては大したことがありませんからね。まあ、「実存主義哲学《てつがく》系や左翼《さよく》思想などに近いかもしれない」とは思うのですが。

あとは、ありえるとしたら、哲学者ぐらいでしょうか。哲学者にも不幸な方は多いですからね。

矢内　毛沢東とは、何かご縁があるのですか。ちょうど、松本清張さんが、殺人事件などを、いろいろと書かれていた一九六〇年代に、中国では、大躍進《だいやくしん》や文化大革命があって、何千万もの人が殺されましたが、そういったものと何か関係ありますかね。

松本清張　ううーん。あれは面白いネタだなあ。文化大革命で殺された人たちのストーリーを、わしが書けたら面白かっただろうなあ。うーん。

金澤　毛沢東が訪ねてきて、どんな話をしたのですか。毛沢東については、好きですか、嫌《きら》いですか。

松本清張　毛沢東は好きだなあ。

金澤　好きなのですか！

大川隆法　ふーん。

金澤　どういうところがお好きですか。

松本清張　池田《いけだ》大作《だいさく》と似てるじゃないか。

大川隆法　似ている？　もし、池田大作が反応できる状態だったら、泣いて喜びますね。「毛沢東に似ている」と言われたら、泣いて喜ぶかもしれません。

松本清張　うーん。

大川隆法　ああいう人は、独裁者的なタイプの人が大好きらしいのでね。どうも、金《きん》日成《にっせい》とか、ああいう人たちが大好きなようですから。

過去世《かこぜ》で「人を処刑《しょけい》する仕事」をしていたのか

金澤　ひょっとして、あなた自身にも、権力を握《にぎ》って、人々を「ぎゃふん」と言わせたいような思いがあったのではないでしょうか。

大川隆法　あなたの欲望は、本当は、もっと大きかったのではありませんか。「作家としての成功」では、まだ足りなかったのでしょうか。

松本清張　うーん、嫌《いや》なことを……。うーん、まあ、そうだなあ。

大川隆法　もしかすると、革命家のようなものになりたかったのですか。

松本清張　うーん、わしには「組織」がなかったんでなあ。

矢内　結局、あなたには、過去世《かこぜ》で、毛沢東のように権力を握ったことがあり、大勢の人を殺して快感を覚えたような魂《たましい》の記憶《きおく》があるのではないですか。

松本清張　アッハハ。うーん、あるかもしれんな。

まあ、そりゃ、拷問《ごうもん》には、人の殺し方がいっぱいあるからなあ。うん、うーん。

矢内　そのときの地域や時代などは覚えていますか。

松本清張　さあ、分からんねえ。

大川隆法　それほど「殺人に関心がある」というのは、もしかしたら、過去世で、人を処刑《しょけい》するような仕事をしていたからではありませんか。

松本清張　（笑）そうかもしれませんねえ。「人はどうやったら死ぬか」とか。

金澤　中世の時代には、本当に身の毛もよだつような拷問などが数多くありましたし……。

松本清張　ううーん。

金澤　フランス革命のときにも、ギロチンで殺された人がずいぶんいましたが、そういう時代に、何か、お仕事をしていたのではありませんか。

松本清張　いたかもしれませんね。

金澤　そうかもしれない？

矢内　例えば、「魔女狩《が》り」のときなどはどうでしょうか。

松本清張　ああ、魔女狩りはいいですねえ。ああいう怪《あや》しげな輩《やから》を拷問で殺すなかにね、真理があるんですよ。

大川隆法　何だか、この人には、サド的なものも少しあるのでしょうか。

矢内　中世のときには、ものすごくひどい拷問や殺し方をしていましたね。

松本清張　うーん。あれ、考えるのは、けっこう大変なんだ。だから、あれもトリックだろ？　「魔女」と見せなきゃいけないんだから。

矢内　もともとは罪のない人に対して、ですか。

金澤　トリックを考えて、それをなさっていたのでしょうか。

松本清張　さあ、どうだろうねえ。それは分からんけど。まあ、どうでしょうねえ。あのトリックは、なかなか難しいんですよ。うん。

大川隆法　でも、もしかすると、あれだけ本を書いた人であれば、「文筆に縁がある」ということでしょうから、逆に、〝焚書坑儒《ふんしょこうじゅ》〟風に、迫害《はくがい》をされて殺されたような過去世が、何かあるのかもしれません。あなたには、みな殺しにされたり生き埋《う》めにされたりしたような過去世はありませんか。

松本清張　うーん……。確かにね、わしの魂は、よく、迫害を受けるんですよ。だからね、やられる前に倒《たお》さないといかんのだ。

大川隆法　もし、地獄で迷っておられるならば、それほど簡単に過去世のことを思い出せませんから、なかなかスッとは分からないでしょう。

うーん、難しいですね。こんなところでしょうか。

哲学者《てつがくしゃ》ニーチェには共鳴するものがある

大川隆法　（会場に向かって）ほかに、何か訊いておいてほしいことはありませんか。代わりに訊いておきますが。清張ファンの方で、「訊いておいてほしい」ということが何かありますか。

（会場から、「ニーチェ」という声が上がる）

大川隆法　ああ、ニーチェですね。

武田　ニーチェについてはどうですか。あなたは、ニーチェのことをご存じですか。

松本清張　（舌打ち）「神は死んだ」と言ったやつだなあ。

武田　そうですね。

大川隆法　ニーチェは正しいと思いますか。

松本清張　うーん。うん、何か共鳴するものがあるなあ。

武田　ニーチェとは面識があるのですか。

松本清張　ニーチェか。ニーチェは知ってるなあ。

武田　知っている？

松本清張　うーん、なんで知ってるんだ？

武田　いつ知ったのですか。

松本清張　なんで知ってるんだろうなあ。

大川隆法　ニーチェは、作品を書いてはいますが、小説家ではありません。しかし、哲学者《てつがくしゃ》ではあるのです。

松本清張　ニーチェも妄想《もうそう》するからなあ。

大川隆法　うーん。

武田　例えば、「生前、ニーチェの霊から、いろいろとアドバイスを受けていた」ということはありますか。

大川隆法　しかし、あれは、思想的には逆ですよねえ。ニーチェは極右に近いほうですからねえ。

松本清張　ニーチェには、今、何か郷愁《きょうしゅう》を感じるんだよなあ。

武田　郷愁ですか。

松本清張　うーん。

大川隆法　それはおかしいですね。それであれば逆ですよね。あれは、「超人《ちょうじん》」を目指していた人ですから。

松本清張　まあ、本当は、わしも超人を目指してはいるんだなあ。

金澤　生前、いちばんお好きだった作家、あるいは、作家に限らなくても結構ですが、いちばんお好きだった人は、どなたですか。

松本清張　うーん。

金澤　政治家でも誰でも結構ですが、いちばん好きだった人は誰でしょうか。尊敬していた方などはいますか。

松本清張　（舌打ち）うーん。難しいなあ。「一番」ってか？

金澤　一番だけでなく、二、三人挙げてくださっても結構です。

松本清張　うーん。だから、わしが認めたのは、共産党みたいなやつらだよ。基本的にはな。

大川隆法　うーん。

松本清張　自民党の佐藤《さとう》（栄作《えいさく》）だのさあ、ああいうのには納得《なっとく》いかねえんだなあ。ああいう、アメリカびいきのやつはなあ。だから、わしは、言論戦で戦ったんや。

11　松本清張に「救い」はあるのか

「この世は地獄《じごく》だ」ということを証明したかった松本清張

大川隆法　あれだけの業績がありながら、天上界《てんじょうかい》に上がれずにいるのは、やはり、あなたの生前の思想のなかに間違《まちが》いが潜《ひそ》んでいるからです。また、いまだに、この世においで、あなたの作品がドラマ化されたり、本が刷られたりしていて、害悪が流れ続けているために、天上界に上がることを許されていないのでしょう。

松本清張　みんな、あれだ。わしの本を読んだやつは、「人間は悪だ」と思い込《こ》み始めるからな。

大川隆法　確かに、そうですね。「欲望の世界」は見えますしね。

山崎豊子《やまさきとよこ》の本なども、読めば非常に面白《おもしろ》いのですが、読み終わったあと、ものすごく広大な地獄界《じごくかい》が広がっているように見えてしかたがないのです。

松本清張　うーん、そうですよ。

大川隆法　それが、人の未来なのかどうか。要するに、「希望」がないんですよね。

松本清張　ない。

大川隆法　その思想のなかに、「希望」とか、「夢」とか、そういうものがないのです。そういうものは、みな、崩《くず》れ去り、最後に悲惨《ひさん》な目に遭《あ》うわけです。結局、暗黒思想なんですね。

武田　結局、「地獄界を広げる仕事」をしているんですよね。

大川隆法　この世に地獄界を実在化しようとしているわけです。

武田　そうですね。

大川隆法　そういうことなのです。「この世は地獄だ」ということを証明しようと、一生懸命《いっしょうけんめい》に活動しているわけですね。「この世は、悪魔《あくま》の支配下にあり、地獄なのだ」ということを証明したかったんですね。

松本清張　うーん。

大川隆法　だから、「この世には、神様、仏様の力など、全然届いていない。この世は、悪魔の支配する〝生き地獄〟である」というわけです。

松本清張　うーん、ああ、まずいなあ。

大川隆法　殺人事件などは珍《めずら》しいことだから報道されるのであり、誰《だれ》もが殺し合ってばかりいるわけではありません。その点に何か理解していないものがあるような気がします。

松本清張　うーん。

大川隆法　親鸞《しんらん》の「悪人正機説《あくにんしょうきせつ》」のように、「悪人こそ救われる」といった思想には惹《ひ》かれますか。

松本清張　うん、そうだ。あれ、仏教じゃないか。

大川隆法　惹かれます？

松本清張　惹かれる。もう、あれこそ、仏教の真髄《しんずい》だ。

大川隆法　うーん、なるほど。

松本清張　「悪ければ悪いほど、最後に、救いの光がある」と。そりゃあ、そうだよ。もう、ドロドロの人間が救われて、輝《かがや》いてこそ、美しいじゃないか。

大川隆法　あれは、煩悩《ぼんのう》や罪、悪のことをテーマにした宗教になっていますからね。

松本清張　うーん。煩悩は肯定《こうてい》される。

渡邊　いや、「凡夫《ぼんぷ》だからこそ、悪をすべて投げ捨て、弥陀《みだ》の御手《みて》にすがれ」という教えではないのですか。

金澤　「悪人のまま終われ」と勧《すす》めているわけではありませんよね。

大川隆法　その一つ上があるんですね。

渡邊　そうです。そこに気づくことが、今、松本先生にとって、いちばん大切な点であるように感じます。

松本清張　うーん。

矢内　さらに、「救い」において大切なことは、「どなたが救ってくださるのか」ということです。松本先生の場合、どなたが救ってくださるのでしょうか。救う方がいらっしゃるはずですよね。

松本清張　いやあ、救われてないからなあ。世間《せけん》では、やっぱり。そりゃあ、わしは、納得《なっとく》できないんだよ。

大川隆法　あなたほどの大家《たいか》になると、きっと、救ってくれる人がもういないのでしょう。あなたは、すぐに理屈《りくつ》を言うから（笑）、救いようがないのです。そのため、もはや救えないのだと思うんですよ。

松本清張　まあ、わしゃあ、今、忙《いそが》しいからなあ。もう、あらゆる地獄の……、地獄じゃねえな、あらゆる情報を入手してだな、「現代の『新しい悪』とは何か」というのを、今、創出しとるわけだ。

今、地上に、言論人が大勢いるだろうが。この者たちにインスピレーションを送っとるわけだ。

大川隆法　しかたがありませんね。

「言論の自由」と言っても、それは、「根本的な善」ではないのです。言論の自由市場というものは、「『善なるもの』と『悪なるもの』を競争させ、放置しておけば、やがて、『善なるもの』が勝つであろう」というような、「おおまかな性善説」によって行われているものだからです。したがって、悪のほうが広がることもあり、「帝国丸《ていこく》ごと悪」ということもありうるわけです。

まだ判断しかねますが、少々残念ではあります。うーん、何か惜《お》しいですねえ。本来、「国民作家」と言われるべき方であり、多くの人にも尊敬されているのに、何だか惜しいですね。

松本清張　うーん。何がおかしいのか、分かんねえんだよ。

大川隆法　二宮金次郎《にのみやきんじろう》のように、「勤勉に働いたら、このように成功できるのです」と言われる存在になれた可能性もあっただろうに、何だか惜しいですねえ。

松本清張　わしは、言論人としては、もう、最高峰《さいこうほう》を極《きわ》めとるからなあ。

大川隆法　「個人の悪」から「社会悪」まで言及《げんきゅう》し、それを糺《ただ》そうとした「言論の革命児」だったわけですね。

松本清張　うーん。今もこれだけ多くの人の心を潤《うるお》しているというのは、なかなか偉《えら》いんだよ。司馬《しば》だって、今、そこまで行けるか？　わしは、司馬といい勝負だ。

大川隆法　しかし、以前、私は、あなたの自伝（『半生《はんせい》の記』）を通読しようとしたら、最後まで読めませんでした。読んでいる途中《とちゅう》に、あなたが出てきて、私に取り憑《つ》いてきたため、もう苦しくて、読めなくなったのです。

やはり、何かがおかしいですね。なかには読める人もいるのでしょうが。あなたは、今、苦しんでいらっしゃるはずなのですが、おかしいですね。本心は、やはり苦しいはずなのですが、どうでしょうか。

松本清張　うーん。なぜ、わしがもっと認められんのかが、分からんのだよ。

大川隆法　「恨《うら》む気持ち」と、「どこか成仏《じょうぶつ》していない」という感じが、すごく強くありますねえ。

松本清張　何かなあ……。

「正義は悪のなかに存在する」という考えは正しいか

矢内　松本先生は、「貧しい人や苦しい人を救いたい」ということで、生前、よいこともされたと思います。そこで、最後にお訊《き》きしたいのですが、「正義」というものは、どこにあると思いますか。もしかしたら、ご自身を正義だと思ったりはしていませんか。正義とはいったい何だと思いますか。

松本清張　正義というのは、悪のなかに存在するんだよ。

別に、「わしが正義だ」なんて大それたことは言わんさ。

正義っていうのは、「悪がある」というなかにこそ、見えるんだよ。「悪がない」というのは、正義じゃなくて、それは、全部が悪なんだ。

悪があるからこそ、そのなかに、正義というものが、より輝きを増して見えるわけだ。

大川隆法　いやあ、これは難しい。哲学《てつがく》の問題としては、昔からあるテーマなので、何とも言えませんね。「一元論」か「二元論」か。つまり、「神が完全であるならば、なぜ『悪』があるのか」という問題は、神学論争として、ずっと残っている問題であり、そう簡単に結論を出せるものではありません。
確かに、あなたは、「人間の悪」の研究をしようとして、そこに地獄があることを見てしまったために、「そちらのほうがポピュラーだ」と言いたいのでしょうが、それにも、少し残念な部分があります。

松本清張　ああ、「この世の中は、地獄的思想が支配している」というのは、やはり、これが神の心なんだろう。神様がいるなら、たぶん、世の中は善人で満ちとるはずだ。

大川隆法　それでは退屈ですね。全然、作品を書けないし、退屈でしょうね。

松本清張　そんな世界など、ありはしないんですよ。

矢内　ただ、悪のなかにも、正義を垣間《かいま》見ることがあるわけです。「この世界には、正義が存在し、その正義を行《おこな》っている神仏《かみほとけ》がいらっしゃる」という事実に関して……。

松本清張　いるかもしれんがな。いるかもしれんが、「神は、すべてを正義にはしとらん」ということだな。

大川隆法　これは、天上界のシェークスピア先生にでも、少々ご指導を頂いたほうがよいかもしれませんね。シェークスピアは、悪を書きながらも、同時に「神の心」を知っていた人ですから、外国の方に、少しご指導いただいたほうがよいかもしれません。

これ以上にはいかないかな。やはり、分からないようです。今日、話をしてみた感じでは、あれだけの成功をしたにもかかわらず、不成仏であることが、だいたい分かりました。

「今、なぜ、自分がこういう目に遭《あ》っているのか」ということについては、やはり、納得していないようです。

「この世が『悪の世界』に見えたので、『正さなきゃいかん』という義憤《ぎふん》にかられたのだ。この考えは正義のはずなのに、なぜ、私のほうが裁かれるようになるのか」と、この部分が納得いかないのでしょう。

松本清張　いや、だって、今、わしのほうが、おまえさんがたより認められてるだろうが。なんで、こんな扱《あつか》いなんだよ。

「疑い深い世の中」をつくったのが松本清張の罪

武田　少しお訊きしたいことがあります。

小説家のなかには、しばしば「殺人」等について書く方もいますが、先生のお書きになった内容を見ると、何と言うのでしょうか、あまりに行きすぎている面があるかと思うのです。まるで、「狂人《きょうじん》の世界」に入っていくような感じを受けます。

大川隆法　狂人（笑）。

松本清張　ああ、それはな、おまえさんが、まだ、「浅はかな知恵《ちえ》」しか持ってないからなんだよ。

武田　浅はかですか。

松本清張　人間というのは、深く行けば、狂人になるんだよ。

武田　トリック一つをとっても、普通《ふつう》の人がとても考えつかないような世界にまで踏《ふ》み込んでいますよね。

松本清張　だから、それは、人間の「裏の顔」を、おまえさんが知らんということだ。

武田　ただ、それが一般《いっぱん》的であるかといえば、私は、「一般的ではない」と思うのです。そういう人がいたのかもしれませんが……。

松本清張　それは、だから、「世間の人たちは、わしほどには『人間』を見れとらん」という証拠《しょうこ》なんだよ。

武田　いや、先生が……。

松本清張　世間の人が、わしの小説を見てだなあ、「人間とは、ここまで底が暗いものなのか」ということを知って、〝悟《さと》り〟を開いていくわけだ。

武田　極端《きょくたん》まで行っていませんか。

松本清張　極端じゃない。これが、悟りの一端なりを表してるんだろうが。

武田　それは、先生の非常に暗い、狂《くる》った世界です。先生は、「トリック」を使って、それを一般の人たちに強要しようとしているのではないでしょうか。

松本清張　強要じゃない。みんなが納得して、わしを認めてくれてるんだろうが。

武田　あなたが、自分の作品のプロット、ストーリー展開によって、そういう世界に読者を引っ張り込んでいる。そのように見えます。

松本清張　そんなのは、おまえさんがたの「自己責任」の問題だ。日本には「言論の自由」というのがあるんだから、わしが自由に作品を発表しても構わないじゃないか。

大川隆法　今、あなた（武田）が指摘《してき》したのは、「やはり、『猟奇性《りょうき》』あるいは『狂気』の部分がある」ということですね。

武田　はい。狂気ですね。

大川隆法　「普通の人間は、そこまでの狂気には支配されていないにもかかわらず、それを極端化して描《えが》いていることが、ある意味での洗脳になっているのではないか。読んだ人に伝染する面があるのではないか」ということですね。

武田　そうです。

大川隆法　それから、本当に悪《あ》しき犯罪的な行為《こうい》を、ある意味での「エンターテインメント」にしたところに、根本的な問題があるのかもしれません。「犯罪」を「エンターテインメント」に変えてしまったところが、もしかすると、罪として認定されている部分なのかもしれませんね。

確かに、こういうものを読むと、スッキリとはするのです。「お化け屋敷《やしき》」に入ったあとのカタルシスのような、スキッとする作用があるのでしょう。

渡邊　確かに、「推理小説」という言葉は、松本清張さんの小説以降、よく使われるようになったものであり、やはり、それだけの社会的影響《えいきょう》もあったと思います。

でも、その影響というものが、やはり、殺人等の犯罪行為や、人間の欲望、苦しみや恨みなどの感情を広げる力になってしまっているために、ずっと地獄にいたまま、今も、まったく救いもなく、心が平安ではない状態に置かれているのだと思うのです。

大川隆法　ある意味では、「疑い深い世の中をつくった」とも言えるのではないでしょうか。

松本清張　疑わなければ、世の中が見えんだろ？　正義というものがな。この世の中は、悪に満ちとるんだ。

大川隆法　「疑い深い世の中をつくった」ということと、「やはり、善人はいないのだ」という思想を広めたところがあるのでしょうか。

渡邊　そこが、マスコミの傾向性《けいこう》と同通する部分でもあり、日本の社会にマイナスの影響を流しているのだと思います。

大川隆法　それは、松本清張氏、お一人だけのことではないでしょう。その〝震源《しんげん》地《ち》〟は、きっと、まだまだ、ほかにもあるのだろうと思います。

確かに、外国のニュースなどを見ても、悪いニュースばかり流しているから（笑）、根本《こんぽん》は同じです。

人は、基本的に、悪いことのほうに反応します。悪いことには反応しますが、よいことには大して反応しないものです。「人が死んだ」とか「事故が起きた」などと言うと注目されますが、「よいことがありました」などと言っても、あまり関心を示しません。そういうところが、ある意味で、現在のマスコミによる誘惑《ゆうわく》なのでしょう。これはそのとおりです。

例えば、外国のテレビで、日本についての報道を見ると、東日本大震災の津波《つなみ》によって人が死ぬところばかりが流されていて、まるで、「日本は、年中、津波の被害《ひがい》を受けている」としか見えません。やはり、そのように極端化していくところがあるわけです。

平和に暮らしているところなどを映しても、面白みも何もありませんからね。

武田　そうですね。

大川隆法　だから、このあたりに、売り上げや視聴率《しちょうりつ》と関連した「何か」があるのでしょう。

矢内　「人の不幸」をエンターテインメントにするような体質ですね。

大川隆法　そうそう、そこですね。まさしく、そこです。

だから、新聞にかかれば、政治家は、みな悪人になってしまうわけですが、実際、彼らには、「必ずしもそうではない」と思う部分もあります。

確かに、「全部が善」ということはないのかもしれませんが、点のような〝病巣《びょうそう》〟

が少しでもあれば、「もう、全身が癌《がん》にかかって死にますよ」といった見方をするのは、やはり極端であるということですね。

松本清張　うーん。

渡邊　それでは、そろそろ……。

武田　そうですね。はい。

大川隆法　まあ、こんなものでしょうか。これ以上は無理ですか。

（松本清張に）それでは、ありがとうございました。

はい、では、これを解いて、（チャネラーの肉体から松本清張の霊《れい》を）出します。

（五回、拍手《かしわで》を打つ）

出なさい！　はい。

12　清張文学は「下山《げざん》の思想」の一つ

大川隆法　当会の教えにあるように、「この世の名声や地位、収入だけではない」という一例ではありますね。

本当は、「立志伝中《りっしでんちゅう》の人」になってもよかったのに、そうはならなかったところが気の毒です。

しかし、境遇《きょうぐう》は同じように悪くても、一方では、吉川英治《よしかわえいじ》のような人もいるわけです。この人の「我以外皆我師《われいがいみなわがし》」という考え方は、一種の「常勝思考《じょうしょうしこう》」です。すなわち、「すべてを、魂《たましい》を磨《みが》くための砥石《といし》とする」という考え方です。吉川英治は、すべての人を「善人」と見て、人生のすべてを「夢と希望に満ちたもの」と見ていたのです。

そのように、「この世は、悪に満ちているかもしれないけれども、そのなかを切り抜《ぬ》けていくことで、人は成長していくのだ」というような信念を持っているか、それとも、「結局、人は、みな転落していくのだ」というように見るかの違《ちが》いがあります。

この「転落の思想」は、間違いなく、少し前に流行《はや》った「下山《げざん》の思想」の一つです（注。国家の衰退《すいたい》に沿った生き方を受け入れることを勧《すす》めた、一種の地獄《じごく》思想。『天照《あまてらす》大神《おおみかみ》のお怒《いか》りについて』〔幸福の科学出版刊〕参照）。

やはり、「どのような思想を持つか」によって、人生は変わります。結局、今回の霊言は、「その人の考えていることが『その人自身』であり、その人の死後の行く場所を決める」という当会の教えを、ずばりと証明しているかもしれません。

一人だけでは、まだ分かりませんが、とりあえず、先般《せんぱん》は司馬遼太郎《しばりょうたろう》の霊言《れいげん》を録《と》り、今回、松本清張の霊言も録ってみたので、日本の思想や言論のなかに流れているものの一部は解明できたと思います。

今日の霊言で言っていたことと、週刊誌の言っていることは、それほど大きくは変わりませんよね。

武田　変わらないですね。

大川隆法　大して変わらないでしょう？　週刊誌から〝松本清張的なもの〟を取り除

いたら、読むところがまったくなくなり、売れなくなるのではありませんか。結局、その「汚《きたな》い見出し」で売れているからです。これは厳しいでしょう。

以前、この業界については、あの「『週刊新潮』の悪魔《あくま》」が、「週刊誌の記者になって、『天国に還《かえ》れる』なんて思ってる人間がいちゃいけないんだよ」と言っていましたが（『「週刊新潮」に巣くう悪魔の研究』〔幸福の科学出版刊〕参照）、今回の霊言には、それと、まさしく一致《いっち》しているところがありますね。

武田　一致しますね。

大川隆法　多少、気の毒なところはあります。

おそらく、「宗教などは、みな、きれいごとで、詐欺《さぎ》で、インチキだ」と、本当に見えているのでしょう。

これは思想戦なので、頑張《がんば》って戦うしかありませんが、残念ながら、この世においては、その暗い「暗黒思想」のほうが優勢になりやすく、世間の関心を引きやすいわけです。

「事故や事件の報告は幾《いく》らでもあるのに、よいことの報告はされない」という、この差が、やはり、「この世を暗くするか、明るくするか」の違いとなっているように見えます。そういう意味で、「もう一段の努力が要《い》る」ということでしょうか。

今日は、どうも、ありがとうございました。

武田　はい、ありがとうございました。

あとがき

貧《まず》しさに苦しみ、学歴不足に悩み、努力に努力を重ねて、超ベストセラー作家になった松本清張氏に対し、共感するところは、私にも多々あった。体制側に入ることを好まず、社会悪と闘う作家でありながら、長者番付に名を連ねたことは、出世コースに乗りそこねた人々への、夢と希望でもあったことであろう。それは、別の形でのジャパニーズ・ドリームの実現でもあったろう。

しかし、川端康成の『伊豆の踊子』に対抗して、『天城越《あまぎご》え』を書いたドス黒い情念は、死後も晴れることはなかったようだ。犯罪を研究する余り、犯罪者の心にも同通してしまったのだろう。ここに小説を読む際の危険性も指摘しておかねばなるまい。

しょせん人生とは、トリックやサスペンスの面白さだけでは説明し尽くせないものなのだ。素朴で純粋で、善を喜ぶ心も大切なのだと言っておきたい。悪を知ることは大事だが、悪を構造的に正当化してはなるまい。

二〇一二年　七月三十一日

幸福《こうふく》の科学《かがく》グループ創始者兼総裁《そうししゃけんそうさい》　大川隆法《おおかわりゅうほう》

『地獄の条件―松本清張・霊界の深層海流』大川隆法著作関連書籍

『司馬遼太郎なら、この国の未来をどう見るか』（幸福の科学出版刊）
『芥川龍之介が語る「文藝春秋」論評』（同右）
『「文春」に未来はあるのか』（同右）
『「週刊新潮」に巣くう悪魔の研究』（同右）
『天照大神のお怒りについて』（同右）

地獄《じごく》の条件《じょうけん》―松本清張《まつもとせいちょう》・霊界《れいかい》の深層海流《しんそうかいりゅう》

2012年8月27日　初版第1刷

著　者　　大《おお》川《かわ》隆《りゅう》法《ほう》

発行所　　幸福の科学出版株式会社

〒107-0052 東京都港区赤坂2丁目10番14号
TEL(03)5573-7700
http://www.irhpress.co.jp/

印刷・製本　株式会社 東京研文社

落丁・乱丁本はおとりかえいたします

ISBN978-4-86395-222-5 C0014
Photo: DGDESIGN/Shutterstock.com　読売新聞 / アフロ

大川隆法ベストセラーズ・公開霊言シリーズ

芥川龍之介が語る「文藝春秋」論評

菊池寛の友人で、数多くの名作を遺した芥川龍之介からのメッセージ。菊池寛の死後の様子や「文藝春秋」の実態が明かされる。

1,300円

司馬遼太郎なら、この国の未来をどう見るか

現代日本に求められる人材とは。〝維新の志士〟は今、どう戦うべきか。国民的作家・司馬遼太郎が日本人へ檄を飛ばす！

1,300 円

「文春」に未来はあるのか
創業者・菊池 寛の霊言

正体見たり！ 文藝春秋。偏見と妄想に満ちた週刊誌ジャーナリズムによる捏造記事の実態と、それを背後から操る財務省の目論見を暴く。

1,400円

※表示価格は本体価格(税別)です。

大川隆法ベストセラーズ・マスコミの正義を検証する

「週刊文春」とベルゼベフの熱すぎる関係

悪魔の尻尾の見分け方

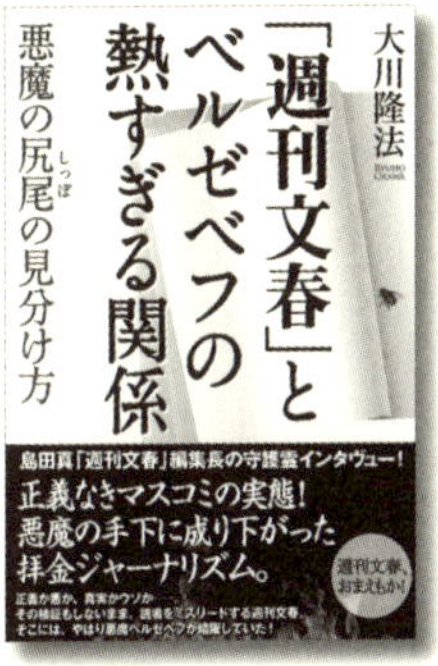

島田真「週刊文春」編集長（当時）の守護霊インタヴュー！週刊誌ジャーナリズムの実態と救世運動つぶしをたくらむ悪魔の関係とは。

1,400円

徹底霊査「週刊新潮」編集長・悪魔の放射汚染

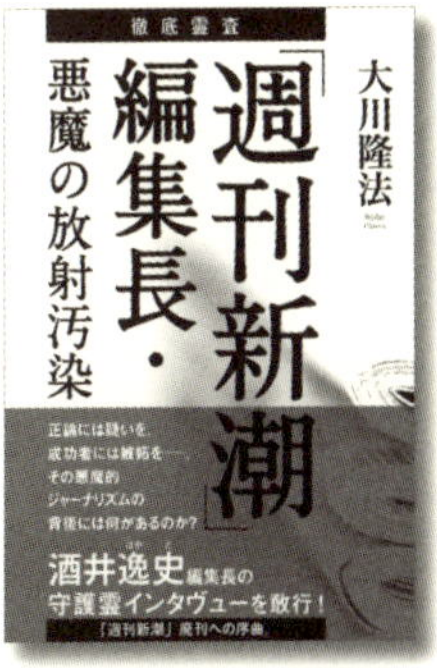

「週刊新潮」酒井逸史編集長の守護霊インタヴュー！ 悪魔と手を組み、地に堕ちた週刊誌ジャーナリズムの実態が明らかになる。

1,400円

舎利弗の真実に迫る

「釈迦の右腕」と呼ばれた仏弟子の信仰心

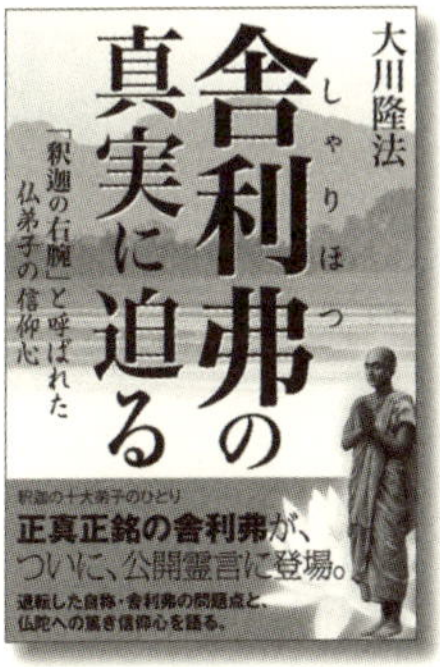

なぜ、信仰を失った者たちは救世運動の邪魔を企てるのか!? 真の舎利弗が、心の隙に忍び寄る悪魔の手口を明かし、信仰者の正しき姿を説く。

1,500円

幸福の科学出版

大川隆法ベストセラーズ・最新刊

心を癒す
ストレス・フリーの幸福論

人間関係、病気、お金、老後の不安……。ストレスを解消し、幸福な人生を生きるための「心のスキル」が語られた一書。

1,500円

公開霊言
老子の復活・荘子の本心
中国が生んだ神秘思想の源流を探る

中国の神秘思想のルーツ――老子と荘子が、欧米と張り合って苦しんでいる現代の中国人に語った、自由と平和へのメッセージ。

1,400円

進化論―150年後の真実
ダーウィン／ウォーレスの霊言

無神論をひろげたダーウィン。神仏を信じる進化論を唱えたウォーレス。ふたりの生物学者の霊言から、「種の起源」の真相が明かされる。

1,400円

※表示価格は本体価格(税別)です。

大川隆法ベストセラーズ・神秘の扉が開く

神秘の法

次元の壁を超えて

2012年10月
映画化

この世とあの世を貫く秘密を解き明かし、あなたに限界突破の力を与える書。この真実を知ったとき、底知れぬパワーが湧いてくる！

1,800円

幸福の科学グループのご案内

宗教、教育、政治、出版などの活動を通じて、地球的ユートピアの実現を目指しています。

宗教法人　幸福の科学

一九八六年に立宗。一九九一年に宗教法人格を取得。信仰の対象は、地球系霊団の最高大霊、主エル・カンターレ。世界百カ国に迫る国々に信者を持ち、全人類救済という尊い使命のもと、信者は、「愛」と「悟り」と「ユートピア建設」の教えの実践、伝道に励んでいます。

（二〇一二年八月現在）

公式サイト
http://www.happy-science.jp/

愛

幸福の科学の「愛」とは、与える愛です。これは、仏教の慈悲《じひ》や布施《ふせ》の精神と同じことです。信者は、仏法真理をお伝えすることを通して、多くの方に幸福な人生を送っていただくための活動に励んでいます。

悟り

「悟り」とは、自らが仏の子であることを知るということです。教学《きょうがく》や精神統一によって心を磨き、智慧《ちえ》を得て悩みを解決すると共に、天使・菩薩《ぼさつ》の境地を目指し、より多くの人を救える力を身につけていきます。

ユートピア建設

私たち人間は、地上に理想世界を建設するという尊い使命を持って生まれてきています。社会の悪を押しとどめ、善を推し進めるために、信者はさまざまな活動に積極的に参加しています。

国内外の世界で貧困や災害、心の病で苦しんでいる人々に対しては、現地メンバーや支援団体と連携して、物心両面に渡り、あらゆる手段で手を差し伸べています。

年間３万人を超える自殺者を減らすため、全国各地で街頭キャンペーンを展開しています。

公式サイト
http://www.withyou-hs.net/

ヘレン・ケラーを理想として活動する、ハンディキャップを持つ方とボランティアの会です。視聴覚障害者、肢体不自由な方々に仏法真理を学んでいただくための、さまざまなサポートをしています。

公式サイト
http://www.helen-hs.net/

INFORMATION

お近くの精舎・支部・拠点など、お問い合わせは、こちらまで！
幸福の科学サービスセンター
TEL. 03-5793-1727（受付時間 火〜金：10〜20時／土・日：10〜18時）
幸福の科学グループサイト http://www.hs-group.org/

教育

学校法人 幸福の科学学園

幸福の科学学園中学校・高等学校は、幸福の科学の教育理念のもとにつくられた学校です。人間にとって最も大切な宗教教育の導入を通じて精神性を高めながら、ユートピア建設に貢献する人材輩出を目指しています。

幸福の科学学園
中学校・高等学校（男女共学・全寮制）
2010年4月開校・栃木県那須郡

TEL **0287-75-7777**
公式サイト
http://www.happy-science.ac.jp/

関西校（2013年4月開校予定・滋賀県）
幸福の科学大学（2015年開学予定）

仏法真理塾「サクセスNo.1」

小・中・高校生が、信仰教育を基礎にしながら、「勉強も『心の修行』」と考えて学んでいます。

TEL **03-5750-0747**（東京本校）

心の面からのアプローチを重視して、不登校の子供たちを支援しています。また、障害児支援の「**ユー・アー・エンゼル!**」運動も行っています。

不登校児支援スクール「ネバー・マインド」

幼少時からの心の教育を大切にして、信仰をベースにした幼児教育を行っています。

エンゼルプランV

NPO 活動支援

学校からのいじめ追放を目指し、さまざまな社会提言をしています。また、各地でのシンポジウムや学校への啓発ポスター掲示等に取り組むNPO「いじめから子供を守ろう！ネットワーク」を支援しています。

公式サイト **http://mamoro.org/**

ブログ **http://mamoro.blog86.fc2.com/**

相談窓口 **TEL.03-5719-2170**

政治

幸福実現党

内憂外患《ないゆうがいかん》の国難に立ち向かうべく、二〇〇九年五月に幸福実現党を立党しました。創立者である大川隆法党名誉総裁の精神的指導のもと、宗教だけでは解決できない問題に取り組み、幸福を具体化するための力になっています。

党員の機関紙
「幸福実現News」

TEL 03-6441-0754
公式サイト
http://www.hr-party.jp/

出版メディア事業

幸福の科学出版

大川隆法総裁の仏法真理の書を中心に、ビジネス、自己啓発、小説など、さまざまなジャンルの書籍・雑誌を出版しています。他にも、映画事業、文学・学術発展のための振興事業、テレビ・ラジオ番組の提供など、幸福の科学文化を広げる事業を行っています。

TEL 03-5573-7700
公式サイト
http://www.irhpress.co.jp/

入会のご案内

あなたも、幸福の科学に集い、
ほんとうの幸福を
見つけてみませんか?

幸福の科学では、大川隆法総裁が説く仏法真理をもとに、
「どうすれば幸福になれるのか、また、
他の人を幸福にできるのか」を学び、実践しています。

入会

大川隆法総裁の教えを学ぼうとする方なら、どなたでも入会できます。入会された方には、『入会版「正心法語」』が授与されます。(入会の奉納は1,000円目安です)

ネットでも**入会**できます。詳しくは、下記URLへ。

三帰《さんき》誓願《せいがん》

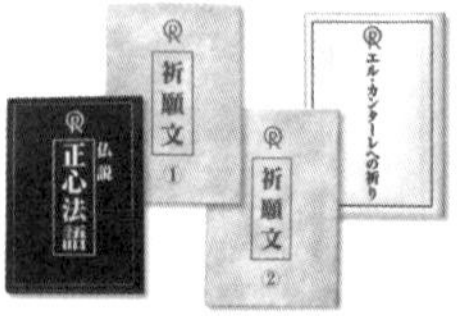

仏弟子としてさらに信仰を深めたい方は、仏・法・僧の三宝への帰依を誓う「三帰誓願式」を受けることができます。三帰誓願者には、『仏説・正心法語』『祈願文①』『祈願文②』『エル・カンターレへの祈り』が授与されます。

植福《しょくふく》の会

植福は、ユートピア建設のために、自分の富を差し出す尊い布施の行為です。布施の機会として、毎月1口1,000円からお申込みいただける、「植福の会」がございます。

「植福の会」に参加された方のうちご希望の方には、幸福の科学の小冊子(毎月1回)をお送りいたします。詳しくは、下記の電話番号までお問い合わせください。

月刊「幸福の科学」

ザ・伝道

ヤング・ブッダ

ヘルメス・エンゼルズ

INFORMATION	幸福の科学サービスセンター TEL. 03-5793-1727 (受付時間 火~金:10~20時/土・日:10~18時) 宗教法人 幸福の科学 公式サイト http://www.happy-science.jp/